LES

IDÉES POLITIQUES

DES

PHYSIOCRATES

PAR

LÉON CHEINISSE

DOCTEUR EN DROIT
DOCTEUR EN MÉDECINE
ANCIEN PROFESSEUR A L'ÉCOLE RUSSE DES HAUTES ÉTUDES SOCIALES A PARIS

AVEC UNE PRÉFACE

DE

Maxime KOVALEVSKY

PROFESSEUR A L'UNIVERSITÉ DE SAINT-PÉTERSBOURG
CORRESPONDANT DE L'INSTITUT DE FRANCE

PARIS
LIBRAIRIE NOUVELLE DE DROIT ET DE JURISPRUDENCE
ARTHUR ROUSSEAU
ÉDITEUR
14, RUE SOUFFLOT ET RUE TOULLIER, 13

1914

LES IDÉES POLITIQUES

DES

PHYSIOCRATES

LES
IDÉES POLITIQUES
DES
PHYSIOCRATES

PAR

LÉON CHEINISSE

DOCTEUR EN DROIT
DOCTEUR EN MÉDECINE
ANCIEN PROFESSEUR A L'ÉCOLE RUSSE DES HAUTES ÉTUDES SOCIALES A PARIS

AVEC UNE PRÉFACE

DE

Maxime KOVALEVSKY

PROFESSEUR A L'UNIVERSITÉ DE SAINT-PÉTERSBOURG
CORRESPONDANT DE L'INSTITUT DE FRANCE

PARIS
LIBRAIRIE NOUVELLE DE DROIT ET DE JURISPRUDENCE
ARTHUR ROUSSEAU
ÉDITEUR
14, RUE SOUFFLOT ET RUE TOULLIER, 13

1914

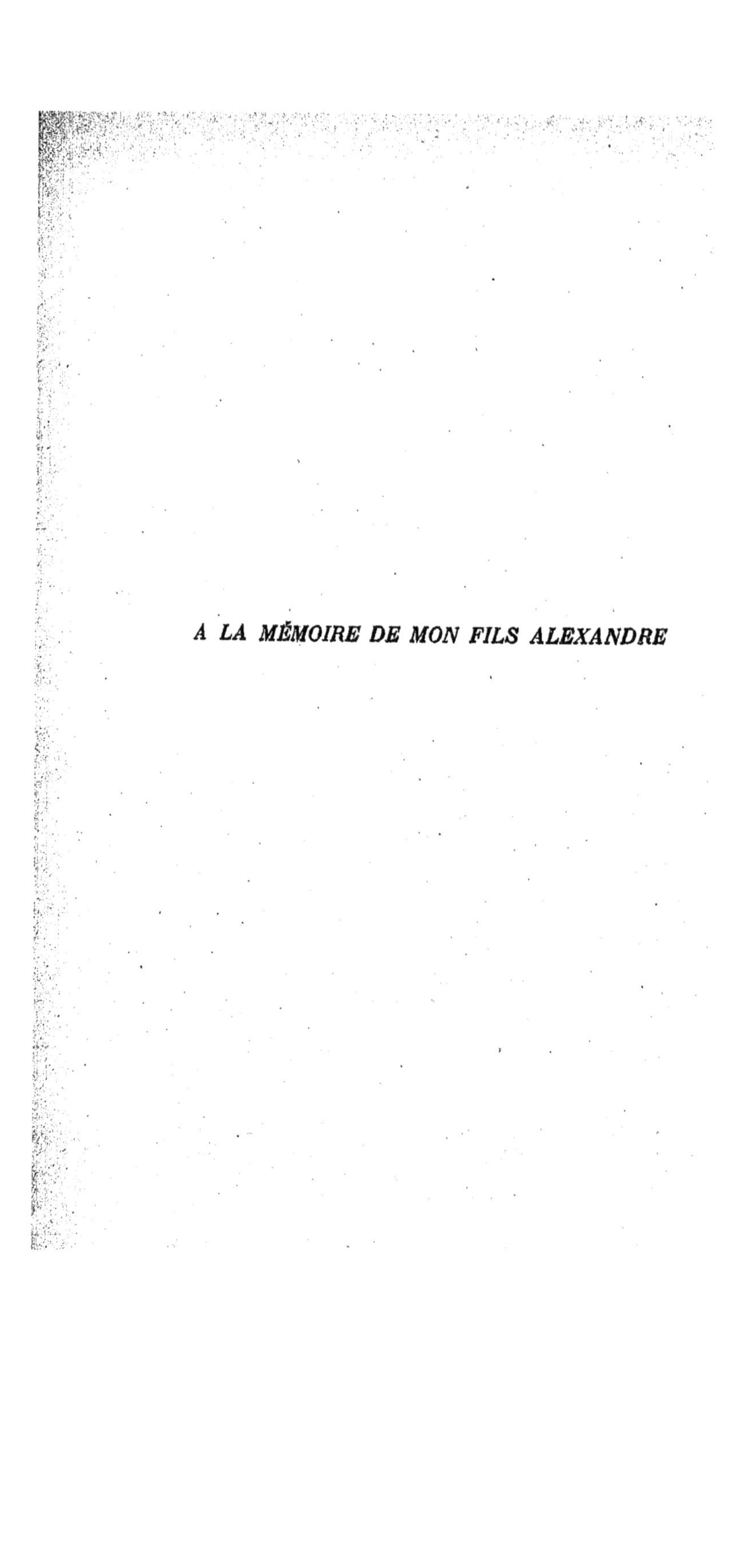

A LA MÉMOIRE DE MON FILS ALEXANDRE

PRÉFACE

Le médecin de Louis XV a, comme l'admettent nombre d'économistes modernes, posé la base de la science économique en créant le système qui a reçu le nom de physiocratie. Docteur en médecine, M. Cheinisse commence dans le domaine de l'histoire des doctrines politiques sa nouvelle carrière scientifique (qui, j'ose l'espérer, sera longue) par la présente étude des théories politiques des physiocrates. En évitant de tomber dans les exagérations de Hector Denis — qui essayait d'expliquer toute la théorie de la circulation des richesses de Quesnay par l'influence de l'heureuse découverte de la circulation du sang faite par Harvey —, le Dr Cheinisse fait remarquer, avec raison, que les études médicales du fondateur de la physiocratie ont déterminé ses procédés méthodologiques, procédés dont les disciples de Quesnay se sont malheureusement écartés. De même que, écrit le Dr Cheinisse (p. 177), en 1743, dans les Mémoires de l'Académie royale de chirurgie, Quesnay insiste sur la nécessité et de l'observation et de l'expérimentation, de même plus tard, dans les « Maximes générales du gouvernement économique d'un royaume agricole », il insistera sur la nécessité de réunir à la science générale du gouvernement les connaissances pratiques que la nation acquiert grâce à l'expérience et à la réflexion. Les disciples de Quesnay s'éloigneront de la méthode du maître et créeront une science déductive, en partant de la notion *a priori* de l'ordre naturel. Un d'entre eux, Le Trosne ira jusqu'à affirmer que les faits eux-mêmes doivent être jugés d'après les principes : « En vain voudrait-on dire que l'expérience qui est un résultat de faits, peut servir de guide, encore faut-il avoir des principes auxquels on puisse la comparer, et apprécier ses effets » (p. 180). Un autre disciple, Le Mercier de la Rivière, dira presqu'à la veille de la Révolution : « Pour établir l'ordre public sur ses véritables bases, il faut écarter les faits, ne consulter que la raison des choses, cette chaîne de vérités éternelles, à la pratique desquelles est attaché le bonheur de l'humanité » (*Ibidem*).

Ainsi l'auteur de la présente monographie indique lui-même, dans ses conclusions, à quel point les épigones de la physiocratie se sont éloignés des procédés méthodologiques du fondateur de la doctrine.

On peut se demander s'il n'y a pas là un rapport direct avec ce fait que la doctrine physiocratique — non seulement dans sa partie économique, mais encore dans sa partie politique — a subi de profondes modifications au cours de son développement presque semi-séculaire. Chez Quesnay, elle se présente avec les caractères d'une déduction logique de ce principe primordial qu'il existe des lois immuables, liées à la nature réelle de la reproduction et de la circulation des richesses, des lois qui régissent la vie politique des peuples en général et des peuples agricoles en particulier : ces lois, qu'il appelle *naturelles*, trouvent leur expression et dans les lois fondamentales de chaque Etat, et dans celles qui règlent les rapports plus concrets entre le gouvernement et les citoyens. L'autorité souveraine est appelée seulement à faire valoir ces lois naturelles qui lui sont indiquées par l'opinion publique et par son organe, la presse libre. Tout ce qui porte un caractère de parti, tout ce qui constitue la représentation des intérêts particuliers, des intérêts d'une caste ou d'une classe, empêche de reconnaître les lois naturelles qui gouvernent la politique et ont des racines profondes dans l'Economie. C'est pour cette raison que la monarchie légale est préférable à la monarchie élective. Le monarque peut et doit consulter le cercle étroit des véritables hommes d'Etat qui connaissent les lois immuables de l'Economie, mais il faut qu'il évite ceux qui représentent des intérêts particuliers, et, par conséquent, toutes sortes de Chambres représentatives et d'Etats généraux. Dans une monarchie tempérée par les états, la loi est le résultat d'une entente, d'une transaction ; dans le « despotisme légal », elle apparaît comme l'expression des principes immuables qui régissent l'Economie et doivent, par suite, guider la politique.

Telle est la doctrine politique des physiocrates dans toute sa pureté. Au fur et à mesure que se déroulaient les événements et que l'on s'approchait de la Révolution, les disciples de Quesnay subissaient l'influence d'autres mouvements de la pensée sociale et politique, qui se développaient parallèlement à la physiocratie. Aussi étaient-ils prêts à soumettre le pouvoir monarchique au contrôle de la haute magistrature, chargée de veiller à ce que les lois nouvelles fussent conformes aux principes immuables du droit naturel, fondé sur des bases économiques. Ils veulent bien admettre aussi des

Etats provinciaux et, à plus forte raison, des Assemblées provinciales et des municipalités, les comprenant dans le sens large que leur attribuait Turgot, c'est-à-dire comme interprètes de l'opinion publique. A la veille de la Révolution, Le Mercier de la Rivière admettra même l'idée de la convocation des Etats généraux et ne sera pas bien loin de reconnaître l'utilité d'une déclaration des droits, suivant l'exemple américain.

Le Dr Cheinisse serait enclin, me semble-t-il, à voir dans ces faits le développement spontané de la doctrine politique des physiocrates. Je suppose que les idées des disciples de Quesnay n'ont pas été sans subir l'influence des doctrines politiques et des réformes pratiques qui ont été soit seulement proposées, soit accomplies pendant le règne de Louis XVI. Mais le Dr Cheinisse me paraît avoir raison lorsqu'il soutient que les physiocrates étaient, dès le début, partisans des libertés nécessaires et, en particulier, de la liberté de conscience et de la liberté de la presse, sans lesquelles on ne conçoit pas le rôle dominant de l'opinion publique, qui doit découvrir les lois essentielles et naturelles appelées à régir et l'Economie, et la politique. La tendance à sanctionner ces libertés indispensables par une déclaration solennelle n'était pas en contradiction avec la doctrine générale de l'Ecole ; par conséquent, si la Déclaration des droits a des racines éloignées au delà de la France, dans les Déclarations des droits des citoyens de quelques Etats de l'Amérique du Nord, il n'en reste pas moins que le contenu d'un certain nombre d'articles de la Déclaration de 1789 a pu, comme le montre M. Cheinisse, être emprunté aux œuvres des disciples de Quesnay.

L'auteur de ce livre a parfaitement établi que la physiocratie ne se conciliait ni avec la théorie de Montesquieu sur la séparation des pouvoirs, ni avec la souveraineté nationale de Rousseau, que vise directement un écrit peu connu et presque inédit du marquis de Mirabeau. Le Dr Cheinisse fait aussi une critique magistrale des opinions contradictoires dues à des écrivains français, même notoires, qui accusaient la physiocratie tantôt de se passionner pour un despotisme illimité, tantôt de se laisser entraîner par l'égalité démocratique, tantôt d'exagérer l'intervention de l'Etat, tantôt, au contraire, de pécher par je ne sais quel nihilisme gouvernemental et de préconiser la non-intervention complète de l'Etat dans la vie économique et politique, comme semble l'indiquer l'aphorisme célèbre « laisser faire, laisser passer ».

Je regrette que l'auteur, ayant parlé des précurseurs de la physiocratie, n'ait rien dit de ceux qui ont subi plus tard, et presque jusqu'à nos jours, son influence. M. Cheinisse indique l'analogie qui existe entre certaines idées de Quesnay — et, en particulier, entre sa conception du rôle même du gouvernement et de l'Etat — et les vues de Locke. D'après ce dernier, l'Etat a pour but de défendre la propriété, à laquelle Locke rattache la liberté personnelle. Cette conception était très répandue en France dans la seconde moitié du XVIIIe siècle, comme le prouvent une série de brochures politiques de cette époque. Les physiocrates ont pu, d'ailleurs, facilement se pénétrer de cette doctrine en prenant directement connaissance du traité de Locke sur le *Gouvernement civil.*

M. Cheinisse fait remarquer, avec raison, que la conception de Hobbes sur l'état de nature n'a rien de commun avec ce qu'écrivait Quesnay sur la loi naturelle. Cependant, si ce n'est pas Hobbes, du moins ses adversaires Shaftesbury et Cumberland, traduits en français par Barbeyrac, et qui insistaient toujours sur les rapports bienveillants des hommes dans l'état de nature, ont pu exercer une influence sur les partisans de la doctrine physiocratique. Mais l'originalité des physiocrates réside certainement dans ce fait qu'ils ont relié la loi naturelle aux principes essentiels qui, d'après eux, doivent régir la reproduction des richesses, en d'autres termes, qu'ils ont relié la loi naturelle à l'Economie.

Le Dr Cheinisse ne se préoccupe pas de savoir dans quelle mesure les écoles postérieures à la Révolution, celles de Saint-Simon et d'Auguste Comte, ont subi l'influence de la physiocratie. Je crois, cependant, que cette question n'est pas dépourvue d'intérêt. Du reste, le lien qui existe entre la physiocratie et le mouvement de la pensée socialiste créé par Saint-Simon a déjà été maintes fois signalé. Je ne m'y arrêterai pas. Il me paraît plus intéressant de souligner la ressemblance de certaines théories de Comte avec les idées politiques des physiocrates. Comme on le sait, Comte n'était partisan ni de la souveraineté nationale, ni de la séparation des pouvoirs. Il admettait la nécessité de ce qu'il désignait sous le nom de dictature républicaine. Il limitait au seul établissement du budget l'action des assemblées représentatives. Il m'est arrivé de parler avec quelques disciples de Comte, notamment avec Frédéric Harrison, et je les ai toujours entendu insister sur cette idée que, avec une liberté très large de la presse, on peut, même en l'absence de représentation, gouverner le pays en plein accord avec l'opinion publique.

L'ouvrage du Dr Cheinisse me paraît avoir épuisé le sujet. L'auteur a tenu compte et des sources imprimées, et des manuscrits. Il a utilisé des livres devenus extrêmement rares de certains physiocrates, entre autres le livre du diplomate russe, le prince Golitzine, qui s'appliqua à justifier les physiocrates du reproche qu'on leur faisait d'avoir préparé la Révolution. Un exemplaire de cet ouvrage se trouve à la Bibliothèque Royale de Berlin et a été, sur la demande de M. Cheinisse, prêté à la Bibliothèque Nationale de Paris. Les connaissances polyglottes de M. Cheinisse lui permettent de citer facilement les ouvrages allemands, anglais et russes se rapportant aux questions qu'il étudie. L'exposé des idées fondamentales de l'auteur est poursuivi avec une rigoureuse unité.

On lira avec intérêt les pages où M. Cheinisse rapporte les nombreuses notes faites de la main de Quesnay sur l'un des écrits de l'Ami des hommes. Il semble que l'on assiste à un dialogue entre le maître et l'élève, en même temps que l'on voit se dégager la véritable nature de la doctrine fondamentale de l'Ecole.

MAXIME KOVALEVSKY.

AVANT-PROPOS

« Quelque erronées que puissent paraître à l'heure actuelle les doctrines du passé, l'étude de leur évolution est loin d'être dépourvue d'intérêt : les enseignements que nous donne l'histoire ne sont jamais à dédaigner, et il est bon de se souvenir que la science moderne n'est pas venue au monde tout armée, comme Minerve sortant du cerveau de Jupiter. » Ces lignes que nous avons écrites, autrefois, au cours d'une étude, consacrée à l'évolution des doctrines dans un tout autre domaine de la pensée (1), ne nous paraissent pas déplacées en tête de ce travail.

A propos de l'histoire des doctrines économiques, M. Deschamps (2) a fort bien dit qu'il ne se représente pas aisément, ni sans trouble, un économiste « qui ignorerait — ou connaîtrait seulement par la légende, ce qui souvent est pis — les grandes manifestations de la

(1) L'évolution des doctrines médicales au XIXe siècle (*Semaine Médicale*, 2 janvier 1901).

(2) A. Deschamps, *Du profit que retire un jeune homme de l'histoire des doctrines économiques* (Conférence faite au XXIe Congrès de la Société d'Economie sociale, le 10 juin 1902).

pensée économique dans les temps passés ». Les physiocrates ! que voulez-vous qu'en sache un pareil économiste ? Il « ne connaîtra sans doute de cette grande école physiocratique que la légende qui s'en est étourdiment formée ». Et voici quelle sera, suivant M. Deschamps, la brève et dédaigneuse critique que pourra formuler cet étrange économiste : « Les Physiocrates ?... Ah ! oui, ces esprits chimériques pour qui l'agriculture était la seule industrie productive et qui considéraient comme stériles la manufacture, le commerce et les transports... Comme s'il ne sautait pas aux yeux que les artisans, marchands et voituriers réalisent des profits et donc produisent des valeurs ! »

Fort heureusement, il est, à l'heure actuelle, peu d'hommes appelés à parler économie politique, qui soient assez dénués de connaissances historiques pour pouvoir tenir un tel langage. Il est, en effet, incontestable que l'on se familiarise de plus en plus avec la science physiocratique ou, tout au moins, avec la partie proprement économique de cette science, car il faut bien reconnaître qu'il est loin d'en être de même pour la partie politique du système. L'expérience personnelle nous a même montré qu'à vouloir témoigner quelque intérêt à ce côté de la physiocratie, on risque, le plus souvent, de provoquer un mouvement de surprise. « Les idées politiques des physiocrates ?... Mais ne connaissez-vous pas l'histoire de Le Mercier de la Rivière qui, invité par Catherine II à rédiger une constitution, fit le voyage à Saint-Pétersbourg pour répondre qu'il s'en garderait bien, la tâche de faire des lois n'appartenant qu'à Dieu ? » *L'histoire* est, en l'espèce, une légende, assez peu vraisemblable d'ailleurs, mais qui n'en a pas moins la vie dure.

Il est vraiment temps de se pénétrer de cette idée que le système politique des physiocrates, si imbu qu'il fût d'optimisme naïf, ne saurait, cependant, se réduire à des enfantillages de cette sorte. Il vaut d'être connu autrement que par quelques anecdotes, plus ou moins douteuses, ou par des appréciationss ommaires, souvent injustes et contradictoires, qu'en ont données divers critiques, appréciations parfois d'autant plus hostiles que la connaissance du système était plus superficielle : comme l'a fait finement remarquer un des biographes de Quesnay, « on peut dire des ennemis des *économistes* ce que l'abbé Terrasson disait des partisans outrés des anciens : *les plus ardents sont ceux qui ne les ont pas lus* » (1).

Pour démêler la vérité, le seul moyen sûr est de remonter à la source, d'étudier attentivement les écrits des physiocrates, de résumer leurs idées et de les présenter dans un exposé systématique, embrassant la doctrine dans son unité. C'est la tâche que nous nous sommes imposée. Y avait-il utilité et n'y avait-il pas quelque témérité à l'entreprendre, alors que M. Weulersse venait de publier deux imposants volumes (2),

(1) *Eloge de François Quesnay*, p. 86. Londres, 1775. D'après le *Dictionnaire des ouvrages anonymes et pseudonymes* de Barbier (Paris, 1822), l'auteur de cet *Eloge* serait G.-H. de Romance, chevalier de Mesmon.

(2) G. Weulersse, *Le mouvement physiocratique en France de 1756 à 1770*, Thèse de la Faculté des lettres de Paris, Paris, 1910, 2 vol.

qualifiés, à juste titre, par M. Dubois de « véritable monument, érigé à la mémoire des physiocrates » (1) ? Nous ne l'avons pas pensé et on nous en excusera, croyons-nous, lorsqu'on saura que, suivant l'opinion du même critique avisé et sagace, M. Weulersse, se proposant d'étudier le *mouvement* physiocratique en France, « a dû employer la méthode du géologue : observer la formation de chaque assise ; noter, période par période, année par année, presque mois par mois, chaque apport fait au système et les répercussions exercées au dehors par l'apparition de telle ou telle doctrine ». Tout en envisageant une étude de ce genre comme hautement utile et même indispensable, M. Dubois est cependant d'avis « que, ces recherches embryologiques une fois faites, il est également légitime d'exposer le système physiocratique en le prenant dans sa forme complète et définitive ».

Il faut aussi et surtout tenir compte d'une autre considération. M. Weulersse a consacré de nombreuses pages de son grand ouvrage aux principes de l'ordre politique, mais il n'en a pas moins méconnu l'importance de ces principes dans l'ensemble du système physiocratique. Il veut bien admettre que « les principes philosophiques, sociaux ou politiques que les Economistes ont proclamés, au moment même où leur école achevait de se constituer, ne sont sans doute pas étrangers à leur système » (2). C'est vraiment fort peu. Pour

(1) A. Dubois, *Revue d'histoire des doctrines économiques et sociales*, 1612, n°s 2-3, p. 289.

(2) G. Weulersse, *Op. cit.*, t. II, p. 683.

notre part, au contraire, nous estimons — et nous espérons en apporter la preuve dans cette monographie — que les idées politiques développées par Quesnay et ses disciples faisaient partie intégrante de cette vaste synthèse qu'était le système physiocratique. Ne fût-ce qu'à ce titre-là, leur étude, intéressante et instructive à bien d'autres points de vue encore, méritait d'être entreprise.

Pour dégager le sens et la portée de ces idées politiques, dénaturés par la légende, obscurcis par des polémiques et des controverses, le seul moyen était, nous venons de le dire, d'examiner les textes originaux.

Quelques traits caractéristiques du « gouvernement conforme à l'ordre de la nature même » ont été ébauchés par Quesnay dans son *Analyse du gouvernement des Incas du Pérou*, publiée dans les *Ephémérides du citoyen* de janvier 1767. Dans ce même recueil parut bientôt après (de mars à juin de la même année) un mémoire beaucoup plus important, *Despotisme de la Chine*, qui peut être considéré comme le précurseur de *L'Ordre naturel et essentiel des sociétés politiques*, publié, en juin de la même année, par Le Mercier de la Rivière. C'est dans ce livre, dont les vingt-six premiers chapitres (sur les quarante-quatre que comprend tout l'ouvrage) sont consacrés aux questions d'ordre politique, que l'on trouve l'essentiel des idées professées sur cette matière par les physiocrates.

Cependant, un autre ouvrage, publié dix ans après par Le Trosne et intitulé : *De l'Ordre social*, mérite, lui aussi, une étude approfondie ; à certains égards, la doctrine, il est vrai, ne s'y présente plus dans toute sa pureté première, mais les apports nouveaux que l'on y constate sont particulièrement intéressants au point de vue de l'évolution des idées politiques des physiocrates.

Ces divers livres et mémoires n'étaient pas, d'ailleurs, les seuls matériaux que nous avions à analyser. Le champ de nos investigations devait être beaucoup plus large : pour bien comprendre la genèse des idées politiques des physiocrates et la place qu'elles tenaient dans l'ensemble du système, il convenait de fouiller minutieusement la « littérature » physiocratique (que l'on nous pardonne ce barbarisme !). Nous n'avons négligé aucun document, alors même qu'il s'agissait d'une brochure ou d'un article de Revue, pouvant à première vue paraître ne présenter qu'un intérêt d'actualité... rétrospective, et plus d'une fois nous en avons été largement récompensé. Voici, par exemple, dans les *Ephémérides du citoyen* de 1769 (tome VI), le « Discours prononcé le neuf janvier 1769, par M. le marquis César Beccaria Bonesana à l'ouverture de la nouvelle Chaire d'Economie politique... » : à propos d'une phrase de ce discours, l'abbé Baudeau, rédacteur du recueil, a ajouté une longue note, qui jette une vive lumière sur la méthodologie des physiocrates et permet de déceler la source de leurs erreurs mieux que ne l'ont fait de nombreuses polémiques.

Outre les sources imprimées, la collection de manuscrits du marquis de Mirabeau et de Quesnay, conservée aux Archives Nationales, méritait également d'être mise à contribution. M. Weulersse en a, il est vrai, non seulement dressé, avec beaucoup de soin, l'inventaire, mais encore donné des extraits importants (1). Toutefois, parmi ces documents, il y en a un qui, en raison même de sa longueur, n'a pu trouver place dans ces extraits et qui offrait, pour nous, un intérêt assez considérable : c'est le *Bref état des moyens pour la restauration de l'autorité du Roi et de ses finances*, rédigé par Mirabeau et annoté par Quesnay (2). Un autre manuscrit de Mirabeau (malheureusement incomplet), portant sur la Déclaration des droits de Virginie, et dont M. Weulersse n'a donné que des extraits, touchait de trop près à nos recherches pour ne pas attirer toute notre attention.

On trouvera, à la fin de ce volume, la liste générale des auteurs cités, avec les renvois aux pages où nous avons indiqué les références bibliographiques correspondantes. Quant aux œuvres des physiocrates que nous avons utilisées, en voici la liste :

(1) G. Weulersse, Les manuscrits économiques de François Quesnay et du Marquis de Mirabeau aux Archives Nationales. Inventaire, extraits et notes. Paris, 1910.

(2) Le chapitre de notre travail dans lequel ce document a surtout été utilisé était déjà terminé, lorsque M. Weulersse publia le *Bref état* dans l'avant-dernier fascicule de la *Revue d'histoire économique et sociale* (1913, n° 2) : nos citations ont été faites d'après le manuscrit même.

MANUSCRITS

Bref état des moyens pour la restauration de l'autorité du Roi et de ses finances, par le marquis de Mirabeau, avec des notes de Quesnay. M 783 (nº 2) aux Archives Nationales.

Observations sur la Déclaration des droits de Virginie, par le marquis de Mirabeau. M 784 (nº 1 et nº 2).

Autres manuscrits de la collection des papiers du marquis de Mirabeau. M 778 à 785.

IMPRIMÉS

QUESNAY.

Œuvres économiques et philosophiques de F. Quesnay, fondateur du système physiocratique, publiées avec une introduction et des notes par A. Oncken, Francfort s/M. et Paris, 1888.

Lettre à l'intendant de Soissons, publié *in extenso* dans l'étude de O. THIELE : François Quesnay und die Agrarkrisis im Ancien Régime (*Vierteljahrschrift für Social - und Wirtschafsgeschichte*, 1906, IV, 3 et 4).

LE MERCIER DE LA RIVIÈRE.

L'Ordre naturel et essentiel des sociétés politiques, Londres et Paris, 1767.

Mémoire sur l'instruction publique (*Nouvelles Ephémérides économiques*, 1775, t. IX, p. 131-188, et t. X, p. 103-148).

Les vœux d'un Français ou Considérations sur les principaux objets dont le Roi et la Nation vont s'occuper, Paris et Versailles, 1788.

Essais sur les maximes et lois fondamentales de la monarchie française, ou Canevas d'un code constitutionnel, Paris et Versailles, 1789.

LE TROSNE.

De l'Ordre social, Paris, 1777.

De l'administration provinciale et de la réforme de l'impôt, 2 vol., Basle, 1788.

MARQUIS DE MIRABEAU.

Théorie de l'impôt. — 1760 (éd. in-12) [sans indication du lieu de publication].

Philosophie rurale, ou économie générale et politique de l'agriculture, réduite à l'ordre immuable des lois physiques et morales, qui assurent la prospérité des empires, Amsterdam, 1763.

Précis de l'ordre légal, Amsterdam, 1768.

Leçons économiques, Amsterdam, 1770.

Les devoirs, Milan, 1770.

Lettres sur la législation ou l'Ordre légal, dépravé, rétabli et perpétué, 3 vol., Berne, 1775.

Lettres au margrave de Bade, *in* Carl Friedrichs von Baden brieflicher Verkehr mit Mirabeau und Du Pont, publié par la Commission historique de Bade avec une introduction de Carl Knies, t. 1er, Heidelberg, 1892.

Lettres inédites de l' « Ami des hommes » (1787-1789), publiées par M. Dauphin Meunier (*Correspondant*, 25 janvier, 25 février, 25 mars et 25 avril 1913).

DUPONT DE NEMOURS.

Discours de l'éditeur, *in* Physiocratie ou constitution naturelle du gouvernement le plus avantageux au genre humain, Leyde, 1768.

De l'origine et des progrès d'une science nouvelle, Londres et Paris, 1768.

Correspondance avec J.-B. Say, *in* Physiocrates, éd. Daire.

Lettres au margrave de Bade, dans le recueil précité de C. Knies, t. I et II.

BAUDEAU.

Première introduction à la philosophie économique, ou analyse des Etats policés, *in* Physiocrates, éd. Daire.

Nouveaux éléments du commerce, servant de Discours préliminaire à la nouvelle rédaction du Dictionnaire de Savari, pour l'Encyclopédie méthodique, t. Ier, Paris, 1783.

Idées d'un citoyen presque sexagénaire sur l'état actuel du royaume de France, comparées à celles de sa jeunesse, Paris, 1787.

TURGOT.

Œuvres. Nouvelle édition par Eugène Daire, 2 vol., Paris, 1844.

Ephémérides du citoyen, 1767-1772.
Nouvelles Ephémérides économiques, 1774-1776.

Abréviations.

Ephém. signifie *Ephémérides du citoyen*.

KNIES renvoie à la Correspondance du margrave de Bade.

LA RIVIÈRE (sans autre indication) renvoie à *L'Ordre naturel et essentiel des sociétés politiques* (éd., 1767).

LE TROSNE (sans autre indication) renvoie au livre *De l'Ordre social*.

Obs. sur la Décl. de Virg. renvoie au manuscrit du marquis de Mirabeau : *Observation sur la Déclaration des droits du bon peuple de Virginie.*

QUESNAY (sans autre indication) renvoie aux *Œuvres* de Quesnay, éd. Oncken.

G. WEULERSSE, Manuscrits, renvoie à la publication de cet auteur : *Les manuscrits économiques de François Quesnay et du Marquis de Mirabeau.*

G. WEULERSSE, Mouv. phys., renvoie à l'ouvrage de cet auteur : *Le mouvement physiocratique en France de 1756 à 1770.*

INTRODUCTION

Inégalité du sort des doctrines économiques et des idées politiques des physiocrates. — Influence que les unes et les autres ont exercée sur les contemporains. — Importance attachée par les physiocrates aux problèmes politiques.

Nombre de travaux ont été consacrés à l'étude de l'influence que la philosophie du XVIIIe siècle a exercée sur le développement des idées politiques. Mais, telle qu'on la conçoit généralement, cette notion de « philosophie du XVIIIe siècle » est, en réalité, fort loin d'embrasser l'ensemble des idées philosophiques qui se sont manifestées, avec plus ou moins d'éclat, au cours de cet âge. C'est que l'œuvre de rénovation qui a marqué la fin du XVIIIe siècle a été précédée d'une période d'agitation intellectuelle, prodigieusement féconde en controverses doctrinales : des théories multiples, et souvent opposées, s'y heurtaient violemment, soutenues avec une égale ardeur par des polémistes fougueux, sincèrement animés du désir d'assurer le bonheur du genre humain et fermement convaincus d'en avoir trouvé le moyen sûr et infaillible. Ce n'est pas sans raison que l'on a pu faire remarquer qu' « il y a eu plus d'une philosophie, au XVIIIe siècle, et l'on serait tenté de dire : plus d'un siècle dans le XVIIIe (1) ».

(1) Henry Michel, « Histoire des doctrines politiques » ; leçon d'ou-

Si l'on se place au point de vue de l'histoire des doctrines politiques, la philosophie du XVIIIe siècle n'est pas seulement comme on le croit trop souvent, celle de J.-J. Rousseau et de Montesquieu. Les physiocrates ou — pour parler comme leurs contemporains — les « philosophes économistes (1) », loin de pouvoir se renfermer dans le cercle des problèmes économiques, devaient — en raison même de l'étendue et du caractère hautement synthétique de leurs conceptions économiques — être amenés à rechercher « les lois générales de l'ordre naturel, qui constituent le gouvernement évidemment le plus parfait ». Les titres mêmes de deux ouvrages fondamentaux, parus presque simultanément (l'un en juin 1767, l'autre en 1768), témoignaient suffisamment de ces préoccupations ; le premier était intitulé : *L'Ordre naturel et essentiel des sociétés politiques* ; le second s'appelait : *Physiocratie ou constitution naturelle du gouvernement le plus avantageux au genre humain.*

Le triomphe des théories développées dans le *Contrat social* et dans l'*Esprit des lois* a peu à peu effacé le souve-

verture du cours d'histoire des doctrines politiques à la Faculté des lettres de Paris (*Revue des cours et conférences*, 14 janvier 1897, p. 466). Cette leçon a été aussi publiée, en partie, dans la *Revue du droit public*, 1897, t. VII, p. 220-234.

(1) Deux ans après la publication de divers écrits de Quesnay par Dupont de Nemours sous ce titre de *Physiocratie*, Moreau, le censeur chargé d'examiner les *Leçons économiques* du marquis de Mirabeau, écrivait dans son compte rendu (*Opinion d'un magistrat consulté sur cet ouvrage*) : « j'ai cru devoir faire ici une exposition succincte de la manière dont j'ai entendu, et dont j'ai cru qu'on pouvait entendre la doctrine de ces Philosophes auxquels le public a donné le nom d'*Economistes* » (in *Leçons économiques*, p. XLVI, Amsterdam, 1770). L'*Opinion* de Moreau a été reproduite dans les *Ephémérides* (1770, t. Ier, p. 256-274), sous le titre : *Corps de doctrine du censeur actuel des Ephémérides du citoyen.*

nir des idées politiques professées par Quesnay et ses disciples, tout comme le prestige du livre d'Adam Smith a fait tomber dans le discrédit leurs idées économiques, qui ne furent tirées de l'oubli que vers le milieu du XIXe siècle, par la publication du recueil composé par Eugène Daire pour la *Collection des principaux économistes*, éditée par Guillaumin (1).

Les physiocrates avaient, cependant, exercé sur leurs contemporains une influence considérable. Suivant le mot profondément vrai de Rossi, ils « prirent place au premier rang parmi ces philosophes du XVIIIe siècle qu'un ardent amour de l'humanité poussait à tout renverser, dans l'espoir de tout réformer » (2). Aussi est-on surpris de trouver, sous la plume de M. Ch. Benoist (3), l'affirmation que « le bruit des livres de la *secte* n'avait pas retenti au delà d'un certain rayon. Les premiers des physiocrates, entre autres Quesnay et Le Mercier de la Rivière, s'étaient, de leur propre volonté, condamnés à ne pas être lus, à cause de l'obscurité presque hermétique de leur langage (4). Pour en affronter les énigmes, il fallait être, comme les uns, excité par la passion du bien ou, comme les autres, entraîné par la mode. Mais tout ce qu'on peut faire avec des livres, c'est de fonder une école : on ne fait pas une révolution ».

(1) *Physiocrates*, Quesnay, Dupont de Nemours, Mercier de la Rivière, l'abbé Baudeau, Le Trosne, par Eugène Daire, Paris, 1846, 2 vol.

(2) P. Rossi, *Mélanges d'économie politique, d'histoire et de philosophie*, t. Ier, p. 3, Paris, 1856.

(3) Ch. Benoist, Article *Economie politique et la Révolution*, in *Nouveau dictionnaire d'économie politique*, de L. Say et Chailley, t. Ier, p. 784, Paris, 1891.

(4) M. Benoist se trompe : La Rivière s'était si peu « condamné à ne pas être lu » que, en l'espace de quelques mois, il fut vendu 3.000 exemplaires de *L'Ordre naturel*.

On a, en effet, maintes fois reproché à l'auteur du *Tableau économique* l'obscurité de son style, et encore M. Oncken nous paraît-il être dans le vrai lorsqu'il écrit que les développements du fondateur du système physiocratique « ne sont obscurs que si l'on n'en a que quelques parties devant soi » (1). Mais le même reproche ne saurait guère être fondé à l'égard de Le Mercier de la Rivière : rarement idées abstraites ont été exposées d'une manière plus claire qu'elles le sont dans *L'Ordre naturel et essentiel des sociétés politiques*, à telles enseignes que Paul Janet a pu écrire que la doctrine politique des physiocrates a été « surtout développée avec lumière et avec force dans l'ouvrage de Le Mercier de la Rivière » (2). Nous voilà donc loin de « l'obscurité presque hermétique » dont M. Ch. Benoist accuse « les premiers des physiocrates » en bloc.

Au surplus, la « passion du bien », l'amour de l'humanité étaient, au XVIIIe siècle, assez à la mode pour assurer de très nombreux lecteurs aux livres les plus ténébreux, pourvu que ceux-ci fussent inspirés d'idées philanthropiques au sens vrai et large du mot. Nous n'en voulons pour preuve que la vogue dont avait joui l'*Ami des hommes*, livre qu'un de ses admirateurs (3) qualifie à la fois comme le plus remarquable de tous les écrits du marquis de Mirabeau et aussi comme le plus long, le plus lourd, le plus diffus et le plus touffu, à tel point que « dans chaque génération, un citoyen courageux devrait le lire pour en dispenser tous les autres » (4).

(1) *In* Œuvres de Quesnay, p. XXII .

(2) Paul Janet, *Histoire de la science politique dans ses rapports avec la morale*, t. II, p. 637. Paris, 1887.

(3) Edmond Rousse, *Mirabeau*, p. 22, Paris, 1891.

(4) Nous citons ici l'*Ami des hommes* simplement à titre d'exemple — peut-être le plus frappant — de l'engouement que le XVIIIe siècle

Sans doute, on ne fait pas une révolution avec des livres. Mais il n'en est pas moins vrai qu'il est des époques où, comprimée de toutes parts et privée de tout moyen d'action dans la pratique, la pensée politique se trouve forcément refoulée et concentrée dans le domaine de la théorie : les livres prennent alors une singulière importance. De nos jours encore, il en est ainsi, par exemple, pour la Russie. Tous ceux qui ont eu l'occasion d'observer de près la société russe ont été frappés par les discussions passionnées, les luttes ardentes qui s'y livrent au sujet d'un système philosophique, d'une doctrine sociale ou économique, etc. Pour expliquer ce penchant pour les idées abstraites, on n'a pas manqué naturellement de faire intervenir les particularités de la psychologie nationale, « l'âme slave ». Or, dans la France du XVIIIe siècle, plus encore que dans la Russie au début du XXe siècle, les livres étaient des événements. Ils pouvaient incontestablement servir alors à quelque chose de plus et de mieux qu'à créer une école : ils façonnaient l'opinion publique.

Ce n'est pas sans raison que M. Maxime Kovalevsky a

avait pour les livres de ce genre. Mais il n'est pas inutile de rappeler que, paru en 1756, cet ouvrage ne se rattache point à la doctrine physiocratique : « Je n'étais pas plus économiste que mon chat » — écrivait en 1778 le marquis de Mirabeau à son ami, l'économiste italien Longo — « quand la force du tempérament, comme disait le vénérable Quesnay, me fit écrire l'*Ami des hommes* ». Ce fut seulement après la publication de ce livre, et précisément à l'occasion même de cette publication, que Mirabeau se lia avec Quesnay, dont il devint le disciple le plus ardent. L. DE LOMÉNIE (*Les Mirabeau*, t. II, p. 135-137. Paris, 1879) a montré comment une édition ultérieure de l'*Ami des hommes*, parue en 1760 et dans laquelle figurait, entre autres morceaux ajoutés, un commentaire du *Tableau économique* de Quesnay, avait induit en erreur de nombreux écrivains et même des historiens de l'économie politique, notamment Blanqui, qui présentaient l'*Ami des hommes* comme ayant été écrit sous l'inspiration de Quesnay.

fait, dans son excellent ouvrage sur les *Origines de la démocratie contemporaine*, une place importante à l'analyse des doctrines économiques des physiocrates. C'est que, comme l'a judicieusement remarqué le professeur russe, le système physiocratique était devenu le *credo* économique d'un grand nombre de personnes, qui prirent une part directe à la rédaction des cahiers de 1789, ainsi qu'à la rédaction de ces lois par lesquelles la Constituante a fait, parallèlement à la révolution politique, une révolution sociale. Sous ce rapport, l'influence des physiocrates est, aux yeux de M. Kovalevsky, tout autant incontestable que celle de Montesquieu et de Rousseau dans le domaine politique. « La théorie du produit net a laissé sa trace dans les cahiers, tout comme les théories du contrat social et de la séparation des pouvoirs. Il y a plus : elle a déterminé les décrets du 4 août et le contenu d'un grand nombre d'articles de la Déclaration des droits, dans la même mesure que le *Contrat social* et l'*Esprit des lois* ont marqué leur empreinte sur la constitution de 1791 » (1).

Si, après avoir ainsi été très en vogue, les doctrines économiques des physiocrates ont pu être fortement discréditées par la critique défavorable et, en grande partie, injuste qu'en avait faite Adam Smith, elles ont été, depuis, mieux appréciées, à l'étranger, peut-être, plus qu'en France. Le mérite de Quesnay et de ses disciples a été hautement reconnu par Karl Marx et par Henry George entre autres. Le premier estimait que l'analyse du capital, telle qu'elle a été établie par les physiocrates, doit les faire considérer comme les véritables fondateurs de l'économie politique moderne, Adam Smith ayant, à cet égard, simplement « pris possession de l'héritage

(1) Maxime Kovalevsky, *Les origines de la démocratie contemporaine*, (en russe), 2e éd., t. Ier, IIIe partie, p. 6-7. Moscou, 1899.

laissé par les physiocrates » (1). Quant à Henry George, il a dédié un de ses livres « à la mémoire de ces illustres Français d'il y a un siècle, Quesnay, Turgot, Mirabeau, Condorcet, Dupont et leurs amis qui, dans la nuit du despotisme, ont prédit les splendeurs de l'ère nouvelle », et il a écrit dans un autre de ses ouvrages : « Les économistes français du siècle dernier, et à leur tête Quesnay et Turgot, proposaient exactement ce que j'ai moi-même proposé, à savoir que toute imposition soit abolie sauf un impôt sur la valeur des terres » (2). Henry George avouait, il est vrai, ne connaître la doctrine de Quesnay et de ses disciples que de seconde main, par l'intermédiaire des écrivains anglais (3), ce qui prouve combien peu était connue, il y a une trentaine

(1) « Die Analyse des Kapitals, innerhalb des bürgerlichen Horizonts, gehört wesentlich den Physiokraten. Dies Verdienst ist es, das sie zu den eigentlichen Vätern der modernen Œkonomie macht... In diesen beiden Hauptpunkten hat A. Smith die Hinterlassenschaft der Physiokraten angetreten » (KARL MARX, *Theorien über den Mehrwert*, Ire partie, p. 33-44, Stuttgard, 1905).

Marx aurait, sans doute, manifesté plus d'estime encore pour Quesnay, s'il avait su que celui-ci avait presque proclamé le principe de l'interprétation économique de l'histoire. En effet, dans une note au manuscrit du *Mémoire sur l'agriculture* du marquis de Mirabeau, Quesnay a écrit que « l'étude des objets essentiels du gouvernement économique, envisagés dans leurs différents rapports, dans leurs différents effets » est la « clef de l'histoire des nations, relativement à leur puissance, à leur succès, à leur prospérité, à leur gloire, à leur indigence, à leur abaissement, à leur décadence » (WEULERSSE, *Manuscrits*, p. 36-37.)

(2) « The French Economists of the last century, headed by Quesnay and Turgot, proposed just what I have proposed, that all taxation should be abolishe save a tax upon the value of land » (HENRY GEORGE, *Progress and Poverty*, p. 380, Londres, 1883).

(3) « I am only acquainted with the doctrines of Quesnay and his disciples at second hand through the medium of the English writers ».

d'années à peine, même la partie économique proprement dite du système physiocratique. En 1888 encore, M. Oncken pouvait, dans la préface de son édition des Œuvres de Quesnay, trouver justifiée « la plainte que, malgré toute la bonne volonté, on ne peut se procurer aucune connaissance détaillée sur le système physiocratique, attendu que dans les courtes mentions qui en sont faites dans les manuels d'économie politique, on ne rencontre que des paradoxes sans pouvoir découvrir l'idée qui doit les relier » (p. xi).

Depuis lors, les choses ont certainement changé, tout au moins en ce qui concerne les vues économiques des physiocrates : l'histoire des doctrines économiques faisant depuis 1895 l'objet, dans les Facultés de droit françaises, d'un cours spécial, le système physiocratique a pris, dans cet enseignement, la place d'honneur qu'il méritait à juste titre (1), car, quelque erroné que puisse paraître, à l'heure actuelle, ce système, on n'en est pas moins d'accord pour reconnaître qu'il marque la date de naissance de la science économique.

Le sort a été infiniment moins favorable aux idées politiques des physiocrates. Ce qui est assez significatif à cet égard, c'est que, en publiant son recueil, Eugène Daire n'a pas cru devoir reproduire les vingt-six premiers chapitres de l'ouvrage de Le Mercier de la Rivière, les considérant comme « un assemblage très confus de dissertations tenant tout à la fois à l'ordre moral, à la politique et aux intérêts matériels de la société » (2).

Très diversement interprétées, même par les contempo-

(1) Voir notamment le vaste chapitre consacré par M. Gide aux *Physiocrates* dans l'*Histoire des doctrines économiques* de Ch. Gide et Ch. Rist, Paris, 1909, et 2e éd., 1913.

(2) E. Daire, *Op. cit.*, p. 436.

rains, les idées politiques professées par les « philosophes économistes » ont attiré sur eux les reproches les plus contradictoires. Ouvrez les *Mémoires secrets* de Bachaumont et vous y lirez, à la date de décembre 1767, ce qui suit : « Il s'est formé à Paris une nouvelle secte appelée les *Economistes* : ce sont des philosophes politiques, qui ont écrit sur les matières agraires ou d'administration intérieure. Ils se sont réunis et prétendent faire un corps de système qui doit renverser tous les principes reçus en fait de gouvernement et élever un nouvel ordre de choses » (1). Cette accusation devait prendre une forme plus précise après la Révolution : les économistes passaient alors pour responsables de ce grand cataclysme politique. Or, chose curieuse, on a maintes fois adressé aux physiocrates précisément le reproche contraire : leur théorie du « despotisme légal » les a souvent fait présenter comme des partisans de l'absolutisme pur et simple.

Il n'est pas sans intérêt de faire remarquer, à ce sujet, combien le sort des doctrines physiocratiques s'est ressenti de la terminologie prétentieuse qu'avaient adoptée les disciples de Quesnay et qui n'était pas toujours adéquate à leur pensée (2). C'est ainsi que, dans le domaine écono-

(1) *Mémoires secrets de Bachaumont, de 1762 à 1787*. Nouvelle édition par J. Ravenel, t. Ier, p. 220, Paris, 1830.

(2) Le censeur des *Ephémérides* ne donnait pas un mauvais conseil aux physiocrates lorsque, plein de bienveillance à leur égard (il en était encore à ses débuts), il écrivait : « Vous devez parler au peuple, ne l'effrayez pas par des mots... Votre science ne peut être trop répandue, simplifiez-en le vocabulaire : on n'osera attaquer votre doctrine ; on cherchera à rendre vos expressions ridicules » (*Ephém.*, 1770, t. Ier, p. 271-272). Deux mois plus tard, le même censeur se montrait moins paternel pour la revue des physiocrates et les exhortait « à résister à la tentation de critiquer » : « le bon-

mique, la dénomination de « classe *stérile* » sous laquelle ils désignaient tous les hommes occupés à des travaux autres que ceux de l'agriculture, a fait couler des flots d'encre : les physiocrates avaient beau répéter que ce vocable n'avait « rien de choquant », leurs adversaires n'en persistaient pas moins à s'en servir, et avec succès, comme d'une arme de guerre. En matière politique, les expressions de « despotisme légal » et de « despotisme personnel », n'ont pas été moins préjudiciables aux physiocrates. Le Mercier de la Rivière avait beau assurer que « Euclide est un véritable despote » et que le despotisme « personnel et légal » est de la même nature que celui des vérités géométriques, qui, depuis des siècles, règne sans contradiction sur tous les peuples civilisés, le mot n'en impressionnait pas moins désagréablement. L'allure suspecte que gardait le mot *despotisme,* même affublé de l'adjectif *légal,* a certainement contribué pour beaucoup à dénaturer la pensée des physiocrates et à négliger l'étude de leurs théories politiques.

A en juger d'après le peu d'attention que l'on accorde généralement à ces théories, on serait porté à croire que contrairement à ce qui avait eu lieu pour leurs conceptions économiques, les vues politiques des physiocrates n'avaient produit aucune action sur les esprits au XVIIIe siècle.

Rien ne serait, cependant, plus erroné que cette manière de voir. Dans le domaine politique aussi, les physiocrates ont exercé une influence très réelle sur leurs contemporains,

heur du citoyen », écrivait-il, « tient à sa confiance. On peut et l'on doit quelquefois avertir en secret ceux qui sont préposés à l'Administration ; mais on ne doit prêcher aux particuliers que leur propre réforme, et non celle de l'Etat » (*Ephém.*, 1770, t. III, p. 240).

et, si les idées de Montesquieu, de Rousseau, de Mably ont fini par triompher, il y eut un moment où, suivant l'expression du regretté professeur Esmein, « on put croire la victoire indécise entre les deux écoles » et où Mably, dans ses *Doutes proposés aux philosophes économistes sur l'ordre naturel et essentiel des Sociétés politiques*, s'adressait aux physiocrates « comme de puissance à puissance » (1).

On pourrait encore supposer — et nombre d'auteurs l'ont cru, en effet, — que, dans l'ensemble même du système physiocratique, les idées politiques ne tenaient qu'une place tout à fait secondaire et, en quelque sorte, accidentelle. C'est ainsi que Léonce de Lavergne a écrit : « La théorie du pouvoir absolu n'est ici qu'un accident de circonstance ; elle tranche avec le reste de la doctrine » (2).

On a même soutenu qu'en émettant leurs théories politiques, les physiocrates avaient simplement obéi à des considérations d'intérêt : ils auraient cherché de la sorte à flatter les monarques avec lesquels ils étaient en relations, à s'assurer ou à conserver leur protection. Cette opinion, quelque peu simpliste, a été réfutée, d'une manière péremptoire, par M. Schelle (3).

(1) A. Esmein, *La science politique des physiocrates*. Discours prononcé à la séance générale du Congrès des Sociétés savantes à la Sorbonne, le samedi 9 avril 1904. Paris, 1904.

(2) L. de Lavergne, *Les Economistes français du XVIIIe siècle*, p. 73, Paris, 1870.

(3) G. Schelle, *Dupont de Nemours et l'école physiocratique*, Paris, 1888. — Voir notamment p. 93-95, où l'auteur montre que, si Quesnay avait, un moment, cherché à mettre les *Ephémérides du citoyen* sous la protection du Dauphin, cette démarche s'expliquait suffisamment par le besoin qu'éprouvaient les économistes d'avoir un appui contre les persécutions possibles des ministres de Louis XV.

Il importe surtout de faire ressortir un point dont on ne tient généralement pas assez compte ou que l'on méconnaît même complètement : en émettant leurs théories politiques, les physiocrates n'étaient rien moins que préoccupés de faire l'apologie de la monarchie existante. M. René Girard se trompe certainement, lorsqu'il écrit, à propos de l'ouvrage de M. Weulersse, que la théorie du despotisme légal « n'est pas autre chose, en effet, que la justification théorique de l'état existant » (1). Les physiocrates étaient à cet égard, fort loin de la politique de Bossuet, pour lequel l'idéal se confondait avec la réalité. Quesnay et ses disciples ne glorifient pas ce qui *est* : ils cherchent à dégager et à préciser ce qui *devrait être*, ce qui serait conforme à l'« ordre naturel », que le fondateur de la doctrine qualifiait d' « archétype des gouvernements » (2).

« De leur boulangerie, ils (les économistes) ont passé à la jurisprudence et aux lois. D'une main toute blanche encore de leur pâte et de leur mouture, ils se sont avisés de vouloir repétrir notre législation ; de derrière des meules bien ou

Choiseul et Maupeou : elle n'autorise nullement à dire que Quesnay et ses disciples aient fait plier leurs convictions devant leur ambition personnelle.

(1) René Girard, « Le mouvement physiocratique en France, à propos d'un ouvrage récent » (*Revue de synthèse historique*, octobre 1912, t. XXV-2, p. 206).

(2) Voir aussi La Rivière, p. 117 : « Je ne jette les yeux sur aucune nation, sur aucun siècle en particulier : je cherche à peindre les choses telles qu'elles doivent être *essentiellement*, sans consulter ce qu'elles sont ou ce qu'elles ont été, dans quelque pays que ce soit ».

C'est donc à tort que Daire (*Op. cit.*, p. 437), qui avait jugé inutile de reproduire, dans son recueil, les vingt-six premiers chapitres de *L'Ordre naturel*, affirmait que l'auteur y traça sa théorie de l'Ordre « avec une consciencieuse apologie du pouvoir absolu ».

mal repiquées, on a été fort surpris de voir sortir des Solons enfarinés, qui ont prétendu réformer toute la machine politique » (1). C'est en ces termes que l'un des détracteurs les plus acharnés du système des physiocrates essayait de tourner en ridicule leurs conceptions politiques. Et il faut reconnaître que les faits semblaient donner à cette diatribe une apparence de raison. « Il suffit de rappeler », écrit M. Weulersse, « dans l'ordre de leur apparition les titres des ouvrages fondamentaux publiés par leur école, pour reconnaître que leur propagande a traversé une première phase, agricole, financière ou commerciale — économique en tout cas — avant d'atteindre celle que l'on peut appeler juridique, politique et philosophique. Lès articles *Fermiers* et *Grains* sont de 1756 et 1757 ; la *Théorie de l'impôt* est de 1760 ; la *Philosophie rurale* de 1763 ; le *Droit naturel*, seulement de 1765 ; et l'*Ordre naturel et essentiel des sociétés politiques*, seulement de 1767 » (2).

Cependant, à étudier les choses de plus près, on s'aperçoit que les idées philosophiques qui devaient constituer la base de la doctrine politique des physiocrates leur étaient, en réalité, depuis longtemps familières. Nous n'irons pas jusqu'à prétendre, avec un des biographes du docteur Quesnay, que « la médecine devint le pont de communication dont ce génie créateur couvrit l'abîme qui séparait l'humble agriculture des hautes spéculations de la politique » (3). Mais, s'il est exact que le *Droit naturel* de Quesnay date

(1) Linguet, *Réponse aux docteurs modernes*, ou apologie pour l'auteur de la théorie des lois, et des lettres sur cette théorie, avec la réfutation du système des philosophes économistes, t. Ier, p. 9, Paris, 1771.

(2) G. Weulersse, *Mouv. phys.*, t. II, p. 1.

(3) G.-H. de Romance, *Op. cit.*, p. 33. — Voir aussi Quesnay, p. 85.

seulement de 1765, il n'en est pas moins vrai que la seconde édition de son *Essai physique sur l'économie animale*, publiée en 1747, fait une très large place à la psychologie et à la métaphysique, absentes de la première édition, et que, comme le reconnaît ailleurs M. Weulersse (1), le troisième volume de cet ouvrage contient déjà l'esquisse d'une théorie du droit naturel (2).

Or, ce que les physiocrates appelaient la « science nouvelle » avait justement pour base une notion fort ancienne, celle du droit naturel. Ainsi que le faisait spirituellement remarquer le censeur des *Ephémérides*, « Platon, Aristote, Cicéron, étaient avant eux et aussi bien qu'eux *Economistes* sur ce point » (3). A cela Dupont de Nemours avait, il est vrai, parfaitement raison d'objecter que les anciens avaient « ignoré presque la totalité des lois de la reproduction des subsistances et des richesses, et celles de leur distribution ». C'était là, en effet, le point essentiel : au droit naturel qui, jusque-là, ne renferma jamais qu'un très petit nombre de doctrines économiques (4), les physiocrates infusèrent un contenu nouveau. Mais précisément parce que leur économie

(1) G. Weulersse, *Mouv. phys.*, t. II, p. 48.

(2) Les lignes qu'on vient de lire étaient déjà depuis longtemps écrites, lorsque je pris connaissance de l'analyse du livre de M. Weulersse, publiée par M. A. Dubois (*Revue d'histoire des doctrines économiques et sociales*, 1912, nos 2-3) : le savant professeur de Poitiers estime, lui aussi, qu'il n'est pas exact d'affirmer, comme le fait M. Weulersse, que « les principes philosophiques, sociaux ou politiques que les Economistes ont proclamés » l'ont été par eux seulement au moment même où leur « Ecole achevait de se constituer » et que « *historiquement*... ils ne présentent qu'un développement *secondaire* du corps de doctrine primitif ». — Cf. Oncken, in *Œuvres de Quesnay*, p. 747, note 1.

(3) *Ephém.*, 1770, t. Ier, p. 260.

(4) Cf. A. Dubois, « L'évolution de la notion de droit naturel an-

politique était bâtie, tout entière, sur cette notion du droit naturel, elle devait se rattacher étroitement, d'une part, à la philosophie morale et, d'autre part, au droit et à la politique. Ce n'est donc point par une vaine prétention, comme le leur reprochait méchamment « le Thersite des écrivailleurs de ce temps » (1), que les Economistes « ont passé de leur boulangerie à la jurisprudence et aux lois » : c'était par un véritable enchaînement logique que le système devait finalement prendre cette large envergure qui irritait tant ses détracteurs.

Il est possible de saisir, en quelque sorte, sur le fait cette extension de la pensée physiocratique au domaine de la politique. L'histoire du développement successif des *Maximes générales du gouvernement économique d'un royaume agricole* en fournit, en effet, une preuve remarquable. Déjà dans l'article Grains, paru, en 1757, dans le tome VII de l'*Encyclopédie*, Quesnay avait groupé les points principaux en quatorze *Maximes du gouvernement économique*. Lorsque, après avoir été imprimées avec le *Tableau économique* et réimprimées dans l'*Ami des hommes* de Mirabeau, ces maximes furent, ensuite, reproduites par Dupont de Nemours dans la *Physiocratie* (1768), leur nombre se trouva porté à trente (2), et, chose remarquable, celles des maximes qui sont venues s'ajouter ultérieurement touchent, pour la plupart, aux questions purement politiques. Il en est ainsi notamment pour les deux premières, dont l'une proclame la

térieurement aux physiocrates » (*Revue d'histoire des doctrines économiques et sociales*, 1908, n° 3).

(1) Le mot est du marquis de Mirabeau (Voir Discours à la rentrée des Assemblées économiques, reproduit par Weulersse, *Manuscrits*, p. 132).

(2) Cf. Oncken, in *Œuvres de Quesnay*, p. 329-330, note 1.

nécessité d'une autorité souveraine « unique et supérieure à tous les individus de la société et à toutes les entreprises injustes des intérêts particuliers », et dont l'autre demande « que la nation soit instruite des lois générales de l'ordre qui constituent le gouvernement évidemment le plus parfait ».

Si, de nos jours, le qualificatif traditionnel d'économie *politique* paraît plutôt gênant aux économistes (1), qui volontiers lui substitueraient et, parfois, lui substituent déjà celui d'économie *sociale*, les disciples de Quesnay estimaient, au contraire, que la science économique était étroitement unie à la politique. Voici en quels termes le rédacteur des *Ephémérides* annonçait aux lecteurs que la censure de ce recueil périodique venait d'être confiée à Moreau : « Les objets de l'Economie politique, mettant les philosophes qui s'appliquent à cette science dans la nécessité de traiter souvent les plus importantes questions du droit public, Mgr le Chancelier a cru devoir confier l'examen et la censure de tous les Ecrits qui peuvent être publiés sur les matières auxquelles notre Recueil est destiné, à un magistrat livré par état à l'étude des lois, et qui s'est surtout appliqué à approfondir celles qui forment la constitution et composent le droit public des Etats » (2).

Le long avertissement que l'on trouve en tête du premier tome des *Ephémérides du citoyen* pour l'année 1767 (ce fut précisément à partir de 1767 que ce recueil devint le journal officiel de l'Ecole) est, à cet égard, plus instructif encore : on y voit se dérouler, dans une vaste synthèse, un programme qui, partant des lois physiques formant l'ordre *naturel* le plus avantageux au genre humain, aboutit, par l'intermé-

(1) Ch. Gide, *Op. cit.*, p. 1.
(2) *Ephém.*, 1770, t. Ier, p. 253.

diaire des lois de l'ordre *moral* et de l'ordre *social*, à « l'enchaînement des causes et des effets qui constituent l'ordre *politique*, évidemment le plus avantageux possible aux Empires » (1).

L'étude de ces « grandes et sublimes questions », nous dit l'auteur de l'avertissement, fait l'objet des sciences morales et politiques, mais, quelques lignes plus loin, ces sciences se trouvent identifiées avec la *Science Economique*, qui paraît les englober toutes, de sorte que, dans les pages suivantes, on voit partout figurer la *Science morale et politique* au singulier. Unification qui s'imposait, en quelque sorte, puisque, comme l'assurait le même avertissement, « les connaissances politiques, trop longtemps incertaines, problématiques et arbitraires, paraissent enfin de nos jours former un corps de science exacte, indubitable, démonstrative, appuyée sur l'évidence... Une seule formule, moins mystérieuse que celle du fondateur de l'Empire chinois, mais non moins féconde, peint aux yeux étonnés, tous les principes de l'*ordre social* ou de la *philosophie politique* ». Cette formule magique était la *physiocratie*, le gouvernement de la nature : « ce système si fécond et si peu compliqué n'est que la naïve exposition de la *Loi physique*, du cours de la *nature* et de sa révolution annuelle, uniforme et invariable, appliquée à l'*ordre politique* des Empires ».

Près d'un demi-siècle s'était écoulé depuis la publication de cet avertissement, et Dupont de Nemours restait toujours fidèle à cette large conception de l'économie politique. Dans une de ses lettres à J.-B. Say, il reprochait à celui-ci d'avoir « trop rétréci la carrière de l'économie politique en ne la traitant que comme la *science des richesses* », alors qu'elle est

(1) *Ephém.*, 1767, t. Ier, p. 3-5.

la *science du droit naturel,* la *science des constitutions.* « Vous avez cru, ajoutait-il, que notre large manière de considérer les gouvernements était la *politique* et non l'*économie politique*. Cette fois vous n'avez point parlé français, quoique vous le sachiez très bien. L'usage de notre langue a borné le sens du mot isolé *la politique* aux relations diplomatiques ou guerrières envers les autres nations ou les autres souverains. C'est la science de Machiavel, du cardinal de Richelieu, de Bonaparte. Mais l'*économie politique* est celle de la *justice éclairée* dans toutes les relations sociales intérieures et extérieures » (1).

Ainsi donc, pour peu que l'on remonte aux sources et que l'on envisage les choses comme elles se présentaient aux yeux des physiocrates eux-mêmes, on voit que, loin de constituer un élément secondaire et accidentel, les théories politiques faisaient partie intégrante du système physiocratique et y tenaient une place considérable.

Et, du reste, l'importance de ces théories dans l'ensemble de la physiocratie n'a pas toujours été méconnue. C'est ainsi que, dans son Cours de législation comparée, professé en 1865 au Collège de France, Laboulaye, consacrant une leçon au docteur Quesnay, n'hésitait pas à déclarer que celui-ci « a fondé du même coup et la politique et l'économie politique, deux sciences qui, à vrai dire, ont le même principe et le même objet ». D'après le célèbre publiciste, les *Maximes générales du gouvernement économique* forment tout un plan de gouvernement. « Les vérités qu'elles contiennent pourraient remplir un très gros volume, si l'on voulait les comparer à toutes les erreurs qui régnaient au moment où ces

(1) Dupont de Nemours, *Correspondance avec J.-B. Say*, in *Physiocrates*, éd. Daire, p. 397.

maximes ont paru. C'est un défi jeté au XVIIIe siècle, ou plutôt c'est la négation de toutes les idées du temps. Quesnay ouvre un monde nouveau » (1). Trente ans environ plus tard, Henry Michel, dans l'introduction de son livre sur l'idée de l'Etat, consacré à l'histoire des théories sociales et politiques en France depuis la Révolution, avait soin de faire remarquer que « les spéculations des Physiocrates appartiennent à la science politique, pour le moins autant qu'à la science économique » (2). Et, plus récemment, M. Henri Sée a écrit que « l'historien des idées politiques ne saurait négliger l'étude des économistes du XVIIIe siècle. Il ne faut pas oublier, en effet, que les idées économiques des physiocrates procèdent surtout de la conception générale qu'ils se font de la société » (3).

Les considérations que nous venons d'exposer nous paraissent amplement suffire à justifier l'objet de ce travail.

Sans doute, malgré le profond oubli dans lequel elles sont tombées, les idées politiques des physiocrates ont été plus d'une fois discutées. Mais, comme nous venons de le voir, elles ont été très diversement appréciées, à tel point que Quesnay et ses disciples ont pu être accablés des reproches les plus contradictoires.

Il se peut que cette discordance des appréciations tienne, dans une certaine mesure, aux contradictions que semble, à première vue, renfermer la doctrine physiocratique, contradictions plus apparentes que réelles si l'on étudie les choses de près.

(1) Ed. Laboulaye, *Cours de législation comparée au Collège de France*. Leçon consacrée au docteur Quesnay (*Revue des cours littéraires*, 23 septembre 1865, p. 705).

(2) Henry Michel, *L'Idée de l'Etat*, p. 17, Paris, 1896.

(3) Henri Sée, « Histoire des idées politiques en France au XVIIe et XVIIIe siècles » (*Revue de synthèse historique*, 1903, t. VI, p. 234).

Il faut, d'autre part, tenir compte de ce fait que, sur le terrain politique, les physiocrates n'étaient pas tous et toujours liés par la parfaite communion d'idées qui caractérisait leurs principes économiques proprement dits. Un auteur allemand, M. Güntzberg (1) a même cru pouvoir distinguer, dans le développement du système physiocratique, deux périodes : une première, à laquelle appartiennent les œuvres de Quesnay, de Le Mercier de la Rivière, de Mirabeau et, en partie, celles de l'abbé Baudeau, ainsi que les premiers écrits de Dupont de Nemours, et où, tout en se préoccupant déjà de la meilleure forme de gouvernement, les physiocrates s'en tiennent encore aux principes généraux ; une seconde période (Turgot, Dupont de Nemours et Le Trosne) où, poussés par les circonstances, ils abordent les problèmes de politique pratique et où le despotisme légal fait progressivement place à des tendances plus radicales. Il convient, du reste, de noter que, dès 1904, Esmein avait signalé ce courant plus libéral de la physiocratie dans son instructive communication sur l'Assemblée Nationale proposée par Le Trosne (2).

Cependant, ces variations de la pensée physiocratique sont loin de suffire à expliquer les jugements si discordants qui ont été portés sur les idées politiques des physiocrates. La vérité est que, si ces idées ont été assez souvent *discutées*,

(1) B. Güntzberg, « Die Gesellschafts und Staatslehre der Physiokraten » (*Staats und völkerrechtliche Abhandlugen*, 1907, t. VI, fasc. 3).

(2) A. Esmein, « L'Assemblée Nationale proposée par les physiocrates » (*Séance et travaux de l'Académie des sciences morales et politiques*, séance du 2 juillet 1904, p. 396-417).

Il est regrettable que cet intéressant travail, tout comme le discours précité de Esmein, prononcé au Congrès des Sociétés savantes, aient échappé à l'attention de M. Güntzberg.

elles ont, par contre, rarement été *étudiées* avec tout le soin, avec toute l'impartialité et aussi avec toute l'ampleur que comporte une pareille étude. On peut dire des écrits des physiocrates en général ce que le marquis de Mirabeau a dit des ouvrages sortis de la plume de Quesnay : ils doivent être étudiés plutôt que lus.

PREMIÈRE PARTIE

CHAPITRE PREMIER

LA SOCIÉTÉ NATURELLE ET LA SOCIÉTÉ POLITIQUE

L'homme est, aux yeux des physiocrates, un être non seulement sociable, mais encore essentiellement *social*, qu'il serait vain et puéril d'imaginer vivant « isolé comme les bêtes féroces ». Sans doute, théoriquement « les hommes peuvent être considérés dans l'état de solitude et dans l'état de multitude » (1). Mais la première hypothèse suppose un état qui ne pourrait subsister que le temps de la durée de chaque individu, car, en admettant seulement que chacun de ces hommes vit avec une femme, l'état de solitude et d'entière indépendance s'évanouit, cette association d'une femme et des enfants qui surviendraient impliquant nécessairement « un ordre de dépendance, de justice, de devoirs, de sûreté, de secours réciproques ».

La société est un phénomène qui fait partie de cet ordre naturel « que Dieu même a donné à l'univers » (2) : ce sont les

(1) QUESNAY, p. 371.

(2) DUPONT DE NEMOURS, *Physiocratie*. Discours de l'éditeur, p. X, XI.

lois de nature « qui prescrivent la réunion des hommes en société et qui fixent les règles de cette réunion... » (1).

Nécessité physique de la société, telle est, en effet, la thèse fondamentale que Le Mercier de la Rivière inscrira en tête de la « théorie de l'ordre » qui forme la première partie de son livre. Le premier chapitre en est consacré précisément à la démonstration de cette vérité : « la manière dont l'homme est organisé prouve qu'il est destiné par la nature à vivre en société ». L'auteur y invoque non seulement les besoins matériels auxquels les hommes se trouvent assujettis, mais encore des considérations d'ordre psychologique, qui ne sont pas les moins intéressantes. Il y a, en effet, dans cette partie de son argumentation quelque chose de plus et de mieux que la traditionnelle thèse de l'instinct de sociabilité, de l'*appetitus societatis naturalis*. La Rivière envisage l'intelligence comme une sorte de « patrimoine commun » de l'humanité. Les facultés intellectuelles établissent des liens étroits non seulement entre les hommes les plus éloignés les uns des autres, mais encore entre les générations successives : la société ou, plus exactement, la vie sociale s'étend, pour ainsi dire, à la fois dans l'espace et dans le temps. « Comment donc pourrait-on croire », écrit l'auteur, « que nous ne sommes point organisés pour vivre en société, tandis que nous nous apercevons tous les jours que par le moyen de notre intelligence, il subsiste encore une sorte de société entre nous et des hommes qui, depuis 2.000 ans, ont disparu de dessus la terre : nous les révé-

(1) Cf. Mirabeau, « L'ordre naturel, en nous soumettant à des besoins et nous donnant les moyens d'y satisfaire, nous a obligés à vivre en société. Chacun sent que l'homme seul et séparé de toute société ne peut être qu'un fauve misérable » (*Obs. sur la Décl. de Virg.*).

rons, nous les consultons ; à leur tour ils nous parlent et nous instruisent ; ils communiquent avec nous enfin, puisqu'ils excitent en nous des sensations, et qu'ils nous suggèrent des idées, comme si nous jouissions encore de leur présence et de leur entretien ».

Combien ce vigoureux « raccourci » de la filiation intellectuelle des générations est plus près de la réalité que ne l'était le soi-disant « tableau du véritable état de nature », tracé par Rousseau, où l'homme était représenté errant dans les forêts, sans industrie, sans parole, sans liaison, sans nul besoin de ses semblables, et où les générations se multipliaient inutilement, chacune partant toujours du même point, ce qui permettait à l'auteur du *Discours sur l'origine de l'inégalité* d'aboutir à ce joli paradoxe : « l'espèce était déjà vieille, et l'homme restait toujours enfant » !

C'est, d'ailleurs, à la réalité même des faits que les physiocrates font appel en dernière analyse pour montrer que tout homme est né dans un groupe social. C'est ainsi que Le Trosne, après avoir rapidement passé en revue les considérations qui font ressortir la nécessité de la société, a soin d'ajouter : « Enfin la société est fondée sur le fait. L'homme est non seulement destiné à la société, mais il est né dans son sein » (1). C'est assez dire que point n'est besoin de faire intervenir l'hypothèse d'un contrat social pour expliquer l'origine de la société.

On trouve, il est vrai, dans les *Ephémérides du citoyen* de 1767 (2), un article de Baudeau (3) dans lequel l'auteur

(1) LE TROSNE, p. 14, note.

(2) Et non pas de 1768, comme l'a indiqué, par erreur, M. Güntzberg (*Op. cit.*, p. 42).

(3) « Vrais principes du droit naturel » (*Ephém.*, 1767, t. III, p. 144).

parle du « pacte social ». Mais de tous les écrits des physiocrates (et ils sont nombreux), c'est le seul où ait été commis cet écart, qui est, du reste, d'autant plus malaisé à comprendre que, ailleurs, le même Baudeau s'est montré très dur pour les partisans de la théorie du contrat social : « Cette phrase banale si souvent répétée par la tourbe de nos écrivains « quand les hommes se réunissent en sociétés » n'exprime qu'une chimère absurde, tout mortel de notre espèce étant né dans une société dont il était *l'effet* et non *la cause* » (1).

Il ne suffit pas de dire que l'hypothèse d'un contrat social donnant naissance à la société est inutile : les physiocrates la rejettent comme contraire à la vérité. Le Trosne l'écrit en termes très explicites : les hommes « ont connu dans tous les temps, que la société n'est pas pour eux un état de choix et de convention ».

S'il en est ainsi, si la société, loin d'être une création artificielle de la volonté humaine, est, en réalité, l'œuvre de la nature, liée à la nécessité même des choses, comment se fait-il que les physiocrates identifient les lois positives, qui règlent les rapports entre les membres de la société, à des

(1) Baudeau, Nouveaux éléments du commerce, servant de Discours préliminaire à... l'*Encyclopédie méthodique*, t. Ier, p. XII. Paris, 1783. — Cf. le passage suivant du même auteur (*Idées d'un citoyen presque sexagénaire*, 3e partie, p. 33) : « Vous supposez donc sans peine une foule considérable d'hommes, conçus, nés, conservés et même instruits, *hors de toute société*. Les voilà tous robustes, fort sages, fort éclairés, barbe au menton, qui s'assemblent au nombre de quelques milliers, qui forment un beau cercle, et qui délibèrent tranquillement : 1° s'ils s'associeront ou non ; 2° s'ils feront un despote ou un monarque, une aristocratie ou une démocratie ; 3° comment ils distribueront les pouvoirs législatifs et les pouvoirs exécutifs ; 4° comment s'éliront les représentants, et quelle sera la forme des assemblées ».

conventions (1) ? S'il est vrai, comme le dit Le Mercier de la Rivière, que les lois « naissent avec la société », pourquoi ajoute-t-il tout aussitôt cette restriction : « ou plutôt qu'elles la précèdent » ? Si, suivant l'affirmation de Le Trosne, la société « n'est pas un état de choix et de convention », pourquoi le même auteur parle-t-il, ailleurs, de sociétés « formées par un consentement libre et réfléchi » (2) ?

Il serait difficile d'admettre que la pensée des physiocrates eût pu être flottante dans une question de cette importance et pour laquelle ils étaient loin d'avoir le dédain que paraissait lui témoigner Montesquieu dans ses *Lettres persanes* (3).

Si l'on veut saisir le véritable sens de leur pensée, il faut, sans se laisser rebuter par les contradictions apparentes d'une terminologie parfois assez confuse, chercher à dégager le rôle que les physiocrates font jouer à l'élément conventionnel dans la formation ou plutôt dans l'évolution (nous verrons que ceci est plus exact) de la société ; il faut s'appliquer à discerner le moment où ils font intervenir les « conventions » ; il faut s'attacher à préciser la nature de celles-ci, leur objet et leurs effets.

L'état de nature, que Hobbes et Rousseau opposent à l'état social, en le peignant, il est vrai, chacun sous des couleurs différentes, est traité par les physiocrates de « pure imagination » et de « supposition absolument gratuite » (4). Pour eux, avant même l'institution de la société civile ou politique, il a dû exister une société naturelle : « le premier état

(1) Quesnay, p. 373. — La Rivière, p. 30.

(2) Le Trosne, p. 57.

(3) « Je n'ai jamais ouï parler du droit public qu'on n'ait commencé par rechercher soigneusement quelle est l'origine des sociétés, ce qui me paraît ridicule » (Lettre XCV).

(4) Le Trosne, p. 14.

où le genre humain se présente à nous » est « une sorte de société universelle et tacite, dans laquelle chacun avait des devoirs et des droits essentiels » (1). Leur conception peut donc être rapprochée, à cet égard, de celle de Locke. Mais ce qui en fait l'originalité incontestable, c'est la base économique sur laquelle les physiocrates édifient la théorie de la société, c'est le lien par lequel ils rattachent le droit à l'économie politique.

La nécessité de pourvoir à sa conservation assujettit l'homme au milieu extérieur et fait que le groupement social se présente sous des aspects différents suivant que les hommes vivent des productions spontanées du sol ou sont obligés de se procurer par la culture des ressources suffisantes pour satisfaire leurs besoins, qui se développent au fur et à mesure qu'augmente la population.

Quesnay fait dépendre la forme des sociétés « du plus ou du moins de biens que chacun possède ou peut posséder et dont il veut s'assurer la conservation et la propriété ». S'agit-il de peuplades sauvages vivant des productions naturelles du sol, chacun reste dans l'état de pleine liberté et d'indépendance, mais « avec la condition de leur sûreté personnelle entre eux et de la propriété de l'habitation et du peu d'effets ou ustensiles qu'ils ont chacun à leur possession... » Par contre, là où les hommes possèdent des richesses plus considérables, cette forme primitive et imparfaite du groupement social ne saurait plus suffire : « il leur faudrait alors des lois positives écrites ou des conventions et une autorité souveraine pour les faire observer » (2).

Les rapports étroits, qui relient le droit à l'économie

(1) La Rivière, p. 18 et 20.
(2) Quesnay, p. 372, 373.

politique sont plus fortement encore marqués par Le Mercier de la Rivière, lorsqu'il écrit : «... la chaîne de nos besoins physiques sert à nous guider dans la recherche du juste absolu ». Sous ses apparences rébarbatives, ce terme de « juste absolu » (1) cache une conception parfaitement réaliste : le juste absolu est tout simplement « un ordre de devoirs et de droits qui sont d'une nécessité physique, et, par conséquent, absolue ». Or, de même que, dans la société naturelle, il est d'une nécessité et d'une justice absolues que chaque homme ait la propriété exclusive de sa personne et des choses acquises par ses recherches et ses travaux, en se faisant un devoir de respecter les mêmes droits de propriété des autres membres de la société, de même l'obligation dans laquelle se trouvent les hommes d'appliquer leur travail au sol rend d'une nécessité et d'une justice absolues l'institution de la propriété foncière.

C'est précisément l'apparition de cette troisième forme de propriété qui est appelée à jouer un rôle décisif dans la transformation de la société naturelle. Au sein de cette société, dont tous les membres avaient les mêmes devoirs et les mêmes droits, l'institution de la propriété foncière va amener une différenciation, qui aura pour effet de diviser « la société universelle et tacite en plusieurs sociétés particulières et conventionnelles » (2).

Ainsi donc, ce n'est pas à l'origine de la société, mais à une phase ultérieure de son développement, nettement caractérisée par un phénomène d'ordre économique, que l'on voit intervenir l'élément proprement conventionnel.

(1) La Rivière n'emploie pas ici le mot *absolu* par opposition au *relatif*, car, remarque-t-il avec raison, « ce n'est que dans le *relatif* que le juste et l'injuste peuvent avoir lieu ».

(2) LA RIVIÈRE, p. 19.

On sera, peut-être, tenté de m'objecter que, même pour les hommes vivant dans l'état d'indépendance, Quesnay suppose qu' « il faudrait au moins qu'il y eût entre eux des conventions tacites ou explicites pour leur sûreté personnelle ». Mais on ne saurait guère prétendre qu'il s'agît-là de conventions au sens juridique du mot : il suffit, d'ailleurs, de lire la suite du texte pour se convaincre que l'auteur du *Droit naturel* a simplement en vue les relations qui s'établissent entre les hommes en raison même de la crainte qu'ils s'inspirent mutuellement, crainte « qui les inquiète réciproquement, et sur laquelle ils peuvent facilement se rassurer de part et d'autre, parce que rien ne les intéresse plus que de se délivrer réciproquement de cette crainte » (1). S'il en était autrement, si Quesnay attribuait à cette forme primitive de la société un caractère vraiment conventionnel, pourquoi, quand il envisage une phase plus avancée du développement économique de la société, où les richesses sont devenues « plus considérables et plus dispersées », écrirait-il, en donnant cette fois au mot *conventions* son véritable sens : « il leur faudrait alors des lois positives ou des conventions et une autorité souveraine pour les faire observer » ! Et, du reste, dans le manuscrit précité sur la Déclaration des droits de Virginie, le marquis de Mirabeau le dit en termes très nets : « Mais ce n'est que quand... *la propriété foncière* est établie, qu'on trouve le besoin et l'influence d'un gouvernement régulier ».

(1) QUESNAY, p. 373. — Montesquieu avait exprimé la même pensée dans des termes presque identiques et qui, par leur généralité même, n'impliquent aucune convention, pas même tacite : « la crainte porterait les hommes à se fuir ; mais les marques d'une crainte réciproque les engageraient bientôt à s'approcher » (*De l'esprit des lois*, livre I, ch. II).

C'est donc seulement à ce moment-là qu'intervient, dans la constitution de la société, l'élément conventionnel, avec son attribut essentiel, qui est celui d'avoir force obligatoire et d'impliquer, par conséquent, la contrainte publique : en effet, « pour donner à ces conventions une consistance solide, et remplir les objets qu'on se proposait par leur moyen, il a fallu *nécessairement* instituer une autorité tutélaire » (1).

Mais, dira-t-on, qu'importe tout cela, puisque, par le fait même qu'ils conçoivent l'origine de la société politique comme étant marquée par une convention, les physiocrates paraissent, en définitive, aboutir à la théorie contractuelle de l'Etat ? En réalité, les points particuliers que je viens d'essayer de mettre en relief importent beaucoup.

Et d'abord, appliquée à une phase aussi avancée de la vie sociale que celle qui correspond à l'institution de la propriété foncière, l'hypothèse d'un contrat semble infiniment plus plausible que quand on la fait intervenir parmi des hommes « présociaux », vivant dans le pur état de nature.

De plus, la différence dans la manière de concevoir l'état précédant la formation de la société politique fait que la nature de cette hypothèse n'est plus la même. Lorsqu'on suppose que cette société politique surgit en plein état de nature, on attribue au pacte social un rôle vraiment créateur : suivant l'expression de Rousseau, le corps politique ne tire son être que de la sainteté du contrat. Telle est loin d'être la pensée des physiocrates : les « conventions » dont ils parlent ne créent point la société, elles ne font que consacrer un état de choses « conforme au vœu de la nature » et qui, comme tel, est indépendant de la volonté humaine.

(1) La Rivière, p. 20.

Elles témoignent simplement que, conscients des lois naturelles qui constituent l'ordre social, les hommes en prennent acte, pour ainsi dire, et cherchent à en faciliter la réalisation.

C'est par la nécessité de la culture et du partage des terres — phénomènes, remarquez-le bien, qui découlent de la nature des choses — que les hommes se sont « trouvés dans la nécessité physique de se diviser comme les terres même » et « de former des sociétés particulières, dans lesquelles les uns fussent occupés de la culture, et les autres de la sûreté des récoltes » (1).

L'institution de ces sociétés particulières implique, à son tour, la nécessité des conventions, qui, suivant le même auteur, ont un double objet, à savoir : 1° « d'assurer dans l'intérieur de chaque société, le sort des propriétaires fonciers, celui des cultivateurs, et de tous ceux qui seraient employés à la sûreté des récoltes ; 2° de mettre le corps entier de la société en état de n'avoir rien à craindre au dehors de la part des sociétés voisines ».

L'institution de l'ordre politique répond donc, quant à ses origines tout au moins, à un besoin purement économique : elle est destinée à garantir la *sûreté* des propriétés, « si essentielle aux récoltes ». Par leur nature, les « conventions » destinées à réaliser cette garantie paraissent bien être un contrat synallagmatique conclu par chacun des membres de la société avec tous les autres. Voici, en effet, les termes dans lesquels Le Trosne définit cette association : « La société civile n'est proprement qu'une confédération universelle, qui rend tous les membres de l'Etat garants des droits de tous ; de manière que chacun pour prix de la ga-

(1) La Rivière, p. 20.

rantie, qu'il promet aux autres, voit ses droits défendus contre tous par l'effet de la garantie commune. Il s'oblige envers tous, et tous s'obligent envers lui » (1). Mais, comme la mise en pratique de cette obligation pour chacun « de fournir personnellement cette garantie à ceux qui ont droit de la réclamer » ne pourrait entraîner que désordre et confusion, il faut nécessairement instituer une autorité souveraine, qui, « armée de toutes les forces des sujets, et assurée de leurs volontés, se trouve élevée au milieu de tous pour le bonheur et la sûreté de tous ». En définitive, ce n'est donc pas le pacte social conclu par chacun avec tous qui marque l'origine de l'Etat : ce pacte se trouve comme absorbé dans l'acte qui institue l'autorité souveraine.

Est-ce à dire, comme le prétend M. Güntzberg (2), que les idées des physiocrates se rattachent, sur ce point, à la doctrine de Hobbes? Je ne le crois pas.

Dans la conception du philosophe anglais, le pacte politique est bien un engagement réciproque, mais seulement entre les membres de la multitude, dont chacun déclare se démettre du droit et du pouvoir de se gouverner soi-même en faveur de l'individu ou du corps qui sera chargé de l'autorité souveraine (3). Mais ce contrat réciproque d'obéissance, qui lie les sujets entre eux et les lie tous ensemble au souverain, ne saurait, par contre, engager en rien le souverain, puisque celui-ci n'est pas intervenu au contrat. Considéré par rapport au souverain, le pacte politique est donc

(1) Le Trosne, p. 16, note.

(2) B. Güntzberg, *Op. cit.*, p. 68, 69.

(3) I authorise and give up my right of governing my selfe, to this man, or to this assembly of man, on this condition that thou give up thy right to him, and authorise all his actions in like manner (*Leviathan*, 2e partie, ch. XVII, p. 118-119 (éd. Waller. Cambridge, 1904).

un acte unilatéral, qui met entre ses mains le pouvoir le plus absolu que l'on puisse concevoir.

Les choses se présentent sous un tout autre aspect dans la conception des physiocrates. Lorsque Le Mercier de la Rivière proclame, dans une formule expressive, que l'on peut « renfermer tout le juste absolu dans un seul et unique axiome : *point de droits sans devoirs, et point de devoirs sans droits* », il ne songe nullement à en excepter l'autorité souveraine ou, comme il l'appelle, l' « autorité tutélaire ». Au contraire, la vérité de l'axiome en question acquiert ici une nouvelle et éclatante confirmation : « cette balance de devoirs et de droits réciproques et proportionnels établis les uns sur les autres se trouve être la même dans les devoirs et les droits de l'autorité tutélaire : si son droit est que les autres hommes lui obéissent, son devoir est aussi d'assurer les propriétés des autres hommes ; c'est parce qu'elle doit protection et sûreté, qu'on lui doit obéissance et partage dans les récoltes » (1). Il s'agirait donc là, non pas d'un acte qui stipulerait, d'une part, une autorité absolue et de l'autre une obéissance sans borne (ce que Rousseau qualifiait, avec raison, de « convention vaine et contradictoire », car « on n'est engagé à rien envers celui dont on a droit de tout exiger »), mais plutôt d'un contrat synallagmatique, créant des obligations réciproques. Cependant, même ce caractère réciproque des obligations est moins l'œuvre de la volonté humaine que de la nature des choses, qui veut que les devoirs soient « la source et le fondement des droits ».

L'ensemble de ces considérations montre, je crois, suffisamment que, malgré les apparences, on ne saurait rattacher les idées des physiocrates sur l'origine de la société

(1) La Rivière, p. 24.

politique à la théorie contractuelle de l'Etat. La société politique n'est pas une création artificielle et arbitraire : elle est un groupement *nécessaire*, dérivant de la nature même de l'homme et des choses. Pas plus qu'elle n'est créée par la volonté humaine, elle ne peut pas être dissoute par cette volonté, comme le suppose la doctrine de Rousseau (1) : elle est un groupement *forcé*, dont on ne peut pas ne pas faire partie.

(1) « ...jusqu'à ce que, le pacte social étant violé, chacun rentre alors dans ses premiers droits, et reprenne sa liberté naturelle, en perdant la liberté conventionnelle pour laquelle il y renonça » (*Contrat social*, livre I, ch. VI).

CHAPITRE II

LES DROITS NATURELS DE L'INDIVIDU ET L'ÉTAT

On a cru pouvoir reprocher aux physiocrates de se mettre en contradiction avec eux-mêmes, en admettant l'existence de droits antérieurs à l'état social. Ce reproche a notamment été formulé par M. Espinas, qui a écrit : « Avant toute société, il y a pour l'homme, selon tous les maîtres de l'Ecole, un droit et un devoir, le droit de s'emparer de tout ce qui lui est avantageux et le devoir de travailler à cette prise de possession; ce qui peut paraître bizarre, car comment y aurait-il un droit en dehors des relations sociales, et comment appeler devoir ce qui n'est que l'effet des impulsions vitales les plus aveugles ? » (1).

A examiner les choses à fond, la contradiction est, peut-être, plus apparente que réelle. Elle tient à ce que la notion du droit n'est pas complètement dégagée, chez les physiocrates, des idées empruntées à la philosophie morale et à la théologie.

Loin de méconnaître la nature essentiellement *sociale* du droit, Quesnay et ses disciples la mettent, au contraire, en

(1) A. Espinas, *Histoire des doctrines économiques*, p. 216. Paris [sans date].

relief et insistent sur ce fait que le droit implique nécessairement l'idée d'un *rapport*. C'est précisément dans ce sens qu'il faut comprendre la déclaration, déjà citée, de La Rivière : « ce n'est que dans le *relatif* que le juste et l'injuste peuvent avoir lieu ». Quesnay avait, du reste, développé antérieurement la même pensée dans des termes moins abstraits, en envisageant « le cas d'un homme seul dans une île déserte, dont le droit naturel aux productions de son île n'admet ni juste, ni injuste, attendu que la justice ou l'injustice sont des attributs relatifs qui ne peuvent exister lorsqu'il n'y a personne sur qui les exercer » (1). Il ne saurait donc, à vrai dire, être question de ce que M. Espinas appelle « un droit en dehors des relations sociales ». La Rivière dit très nettement que « l'idée qu'on doit se former d'un droit ne peut s'appliquer qu'aux rapports que les hommes ont entre eux » (2).

Mais, s'il est vrai que le droit ne saurait se manifester en dehors de la société, il ne s'ensuit pas nécessairement qu'il ait sa source dans la vie sociale. Le *droit* de pourvoir à sa conservation, ce droit primordial « aux choses propres à sa jouissance », par lequel Quesnay croit pouvoir définir le droit naturel, l'homme le tient de Dieu qui, en le formant, lui a imposé le *devoir* de se conserver (3).

Cependant, Quesnay reconnaît que le droit naturel n'est ainsi défini que « vaguement », car, comme nous l'avons vu, ce droit n'est général qu'autant qu'on l'envisage à un point de vue abstrait : en fait, il se réduit aux choses que chaque homme peut se procurer par son travail. Le Trosne écrira dans le même sens : « Mais ce droit indéfini ne forme point

(1) QUESNAY, p. 364, note 8.
(2) LA RIVIÈRE, p. 14.
(3) LE TROSNE, p. 25.

encore une propriété : car il est commun à tous, et il s'étend à tout ; il ne se détermine pour chaque homme à telle ou telle chose, qu'au moment où il se l'approprie par son travail ».

Le droit de pourvoir à sa conservation implique donc pour chaque individu le droit de travailler, de disposer de sa personne, de son activité personnelle, sans que les autres membres de la société puissent l'en empêcher : c'est ce que les physiocrates appellent la *propriété personnelle*. Il renferme, d'autre part, le droit, pour l'individu, de s'approprier les choses acquises par ses recherches et ses travaux : c'est la *propriété mobilière*. Suivant Le Trosne, la liberté personnelle (1) et la propriété mobiliaire sont « deux lois sociales, primitives, indispensables et évidemment déduites du droit d'exister » (2). Lorsque l'accroissement de la population ne permet plus aux hommes de se contenter du simple « travail de la recherche » et les oblige à cultiver la terre, une troisième loi, qui, elle aussi, dérive du même droit d'existence, vient s'ajouter aux deux premières : c'est celle de la *propriété foncière*.

Sous cette triple forme, la propriété renferme tous les droits de l'individu. « Vous n'entendez point nos lois ? » écrit l'Ami des hommes à Rousseau, « nous n'en avons d'autres que la *propriété* personnelle, mobiliaire et foncière, d'où dérivent toutes les libertés possibles qui ne nuisent point à la propriété d'autrui » (3).

(1) Le Trosne emploie le terme de liberté personnelle de préférence à celui de propriété personnelle. Il écrit cependant (p. 35, note) : « La propriété foncière est une suite de la propriété personnelle ».

(2) Le Trosne, p. 29.

(3) *Précis de l'ordre légal*, p. 217. Amsterdam, 1768.

Par son origine, par le travail et l'activité personnelle qui en sont le fondement, la propriété mobilìaire et foncière ne constitue en quelque sorte que l'extension de la propriété personnelle, du droit de disposer de sa personne. Mais, à son tour, le droit de propriété réagit sur la liberté, de sorte que, d'après La Rivière, la liberté « sociale » paraît être une notion plus large que celle de la simple liberté personnelle (ou *propriété* personnelle suivant sa terminologie). Toutefois, pour être plus compréhensive, cette notion n'en reste pas moins limitée au domaine de l'activité économique : elle est « tellement inséparable du droit de propriété qu'elle se confond avec lui ». Que faut-il, en effet, entendre sous ce terme de liberté sociale? C'est « une indépendance des volontés étrangères qui nous permet de faire valoir le plus qu'il nous est possible nos droits de propriété, et d'en retirer toutes les jouissances qui peuvent en résulter sans préjudicier aux droits de propriété des autres hommes » (1). Le Trosne dira plus simplement, mais en se tenant toujours sur le terrain économique, que la liberté « consiste dans la faculté de travailler à son bien-être sans nuire à celui des autres » (2).

Les droits naturels de l'individu étant ainsi définis, on doit se demander que deviennent ces droits dans la société politique. L'institution de l'ordre politique n'est-elle pas appelée à imprimer aux droits primordiaux conférés à l'homme par la nature des modifications plus ou moins profondes, des restrictions plus ou moins importantes? C'est ici surtout que l'on voit combien la doctrine des physiocrates s'éloigne de la conception contractuelle de l'Etat.

Il y a, suivant cette dernière conception, un abîme entre

(1) La Rivière, p. 34.
(2) Le Trosne, p. 30.

l'état de pure nature et l'état social. Ce sont deux mondes dont l'un ne saurait prendre naissance qu'avec l'anéantissement de l'autre. Le contrat social, qui est le *fiat lux* de la société politique, sonne le glas du droit naturel individuel. Cela est incontestable pour la doctrine de Hobbes, puisque celle-ci suppose l'absorption complète de ce droit par le pouvoir souverain. La chose est moins nette, il est vrai, pour Rousseau, car on a pu dire qu'il y a dans l'auteur du *Contrat social* deux hommes qui sont souvent en désaccord entre eux : « un libertaire déclaré et un despote déguisé », selon M. Deploige (1), ou plutôt l'inverse d'après M. Faguet, à savoir « un despotiste déclaré et un libéral timide » (2). Toujours est-il que Rousseau se contredit fréquemment. Sans doute, la liberté paraît, selon lui, devoir subsister après le passage de l'état de nature à l'état civil, puisque l'objet du contrat social consiste justement à « trouver une forme d'association qui défende et protège de toute la force commune la personne et les biens de chaque associé, et par laquelle chacun, s'unissant à tous, n'obéisse pourtant qu'à lui-même, et reste aussi libre qu'auparavant » (3). Mais que faut-il penser de cette liberté et de cette protection des biens de chaque associé, si ailleurs le même Rousseau déclare que « l'Etat, à l'égard de ses membres, est maître de tous leurs biens » et que la vie même du citoyen est « un don conditionnel de l'Etat » (4) ? Les clauses du contrat social, du reste, ne se réduisent-elles pas toutes à une seule : « l'aliénation totale de chaque asso-

(1) S. Deploige, *Le conflit de la morale et de la sociologie*, p. 216. Louvain, 1911.

(2) E. Faguet, *Le conflit de la morale et de la sociologie* (*Revue*, 1er août 1913).

(3) *Contrat social*, livre I, ch. vi.

(4) *Ibidem*, livre I, ch. ix, et livre II, ch. v.

cié avec tous ses droits à toute la communauté » (1)? Sans doute, ailleurs Rousseau essayera d'adoucir le caractère de cette aliénation et de montrer qu'elle n'a pas besoin d'être *totale* : « tout ce que chacun aliène, par le pacte social, de sa puissance, de ses biens, de sa liberté, c'est seulement la partie de tout cela dont l'usage importe à la communauté » ; tout aussitôt il s'empressera, cependant, d'ajouter : « mais il faut convenir aussi que le souverain seul est juge de cette importance » (2)!

Tout autres sont les conséquences auxquelles aboutissent les doctrines qui, loin d'opposer l'état social à l'état de nature et de ne voir dans les principes de la société que l'effet de la convention, considèrent, au contraire, la société politique comme une phase de développement de la société naturelle, comme une institution destinée simplement à protéger les droits conférés à l'homme par la nature. Il ne saurait plus être question ici d'une aliénation de la totalité du droit naturel de chacun à la communauté. Dans la doctrine de Locke, le seul droit dont les particuliers se sont dépouillés pour en remettre l'exercice à la société est le droit de punir et de faire justice. Mais il serait absurde que chacun renonçât au pouvoir naturel de repousser ou de réparer l'injustice et qu'il livrât en même temps tous les droits pour la protection desquels il fait abandon de ce pouvoir. L'usage du droit de punir a, d'ailleurs, pour règle les droits naturels des particuliers, car un être raisonnable ne saurait abandonner de ces droits plus qu'en exige la fin de l'Etat, qui est précisément de mieux assurer la liberté et la propriété de chacun (3).

(1) *Contrat social*, livre I, ch. VI.

(2) *Ibidem*, livre II, ch. IV.

(3) « But though men, when they enter into society, give up the equality, liberty and executive power they had, in the state of na-

Sur ce point, tout comme dans la théorie de la propriété, les idées des physiocrates portent manifestement l'empreinte de la doctrine de Locke ; néamoins, là encore, l'œuvre de l'école physiocratique puise son originalité dans les fondements économiques sur lesquels elle établit la notion de la société. La « multiplication des productions » tel est, en effet, l'objet *immédiat* que La Rivière assigne à l'institution des sociétés politiques. Répondant à un besoin économique, l'ordre essentiel de ces sociétés a pour base fondamentale le droit de propriété, car sans ce droit de propriété la société « ne serait d'aucune utilité à l'abondance des productions » (1). Or, en entrant dans la société politique, les hommes, suivant l'expression si caractéristique de Quesnay, « étendent beaucoup leur faculté d'être propriétaires ».

Si, comme nous l'avons vu dans le chapitre précédent, la forme politique que revêt la société à un certain moment de son développement suppose entre les hommes de nouveaux rapports, il s'en faut de beaucoup qu'elle implique une restriction quelconque du droit naturel de l'individu, Quesnay a insisté avec force sur ce point, en critiquant vivement la conception de Hobbes. Sans doute, « celui qui a dit que le droit naturel des hommes est le droit illimité de tous à tout, a dit vrai ». Mais, à tout prendre, c'est là une idée purement

ture, into the hands of the society, to be so far disposed of, by the legislative, as the good of the society shall require; yet it being only with an intention, in every one, the better to preserve himself, his liberty and property; (for no rational creature can be supposed to change his condition, with an intention to be worse) the power of the society, or legislative constituted by them can never be supposed to extend farther than the common good » (JOHN LOCKE, *Works*, 6e éd., Londres, 1759, t. II. *Of civil government* : livre II, ch. IX, § 131, p. 208).

(1) LA RIVIÈRE, p. 25-31.

abstraite et qui s'évanouit dès que l'on essaye de l'appliquer à la vie réelle : on voit alors que « ce prétendu droit général sera dans le fait un droit fort limité », se réduisant pour chaque homme « à la portion qu'il peut se procurer par son travail » (1). Or, comme, par la sûreté qu'elle réalise, la forme politique de la société permet justement de donner une plus grande extension au travail, à l'activité économique de l'individu, Quesnay en conclut que « les hommes qui se mettent sous la dépendance, ou plutôt sous la protection des lois positives et d'une autorité tutélaire (2), étendent beaucoup leur faculté d'être propriétaires ; et, par conséquent, étendent beaucoup l'usage de leur droit naturel au lieu de le restreindre ».

Suivant Dupont de Nemours, le grand mérite de Quesnay fut précisément d'avoir découvert et prouvé, « contre l'unanime opinion de tous les philosophes et de tous les publicistes qui l'avaient précédé *qu'il n'était pas vrai que les hommes, en se réunissant en société, eussent renoncé à* UNE PARTIE *de leur liberté et de leurs droits pour s'assurer l'autre* ; *que jamais ils ne se sont confédérés pour y perdre*, mais, au contraire, *pour y gagner*, pour garantir et pour étendre l'exercice et la jouissance de TOUS *leurs droits* » (3).

C'est là un des points essentiels de la doctrine, sur lequel insiste également Le Trosne : « ce n'est donc pas avoir une

(1) « Car *son droit à tout* est semblable au droit de chaque hirondelle à tous les moucherons qui voltigent dans l'air, mais qui dans la réalité se borne à ceux qu'elle peut saisir par son travail ou ses recherches ordonnées par le besoin » (QUESNAY, p. 366-367).

(2) Il n'est pas sans intérêt de remarquer le correctif que l'auteur apporte à sa pensée : « ...sous la dépendance *ou plutôt sous la protection* des lois positives et d'une autorité tutélaire ».

(3) DUPONT DE NEMOURS. Correspondance avec J.-B. Say, *in Physiocrates*, éd. Daire, p. 395-396.

juste idée de l'état social, que de croire que l'homme en y entrant, ait sacrifié une partie de sa liberté et de ses droits pour s'assurer la jouissance de ce qui lui en reste. L'homme ne perd rien dans la confédération civile, il y porte tous ses droits, et il en acquiert la sûreté. Il est vrai qu'il contracte de nouveaux droits relatifs à cet état ; mais ces devoirs correspondent aux avantages qu'il trouve dans la société civile, ils en forment le juste prix, et ils ne restreignent en aucune manière l'exercice des droits qu'il y a apportés » (1).

Nous sommes donc fort loin à la fois et de l'abdication de tous en faveur d'un seul, qui constitue la base du système politique de Hobbes, et de « l'aliénation totale de chaque associé avec tous ses droits à toute la communauté » que suppose le Rousseau du *Contrat social*, et de ce sacrifice d'une partie de leur liberté auquel, suivant le Rousseau du *Discours sur l'origine de l'inégalité*, les hommes se sont décidés pour conserver l'autre, « comme un blessé se fait couper le bras pour sauver le reste du corps ». Dans la conception des physiocrates, l'ordre *politique* ne fait qu'ajouter « une sanction extérieure et coactive » à l'ordre *social*, constitué par les lois naturelles, et dont la réalisation doit ainsi être facilitée par toutes les institutions capables de l'assurer (2). Loin donc de porter la moindre atteinte aux droits naturels des sujets, la puissance publique, qui est la caractéristique de ce nouvel état de la société, doit, au contraire, en assurer la garantie, car c'est là sa raison d'être.

On a vraiment quelque peine à comprendre comment, malgré toute la finesse de son esprit pénétrant, Tocqueville

(1) Le Trosne, p. 40, note.
(2) Le Trosne, p. 15, note.

a pu commettre, à l'égard des physiocrates, cette singulière erreur de croire que « les contrats leur inspirent peu de respect; les droits privés, nul égard ; ou plutôt qu'il n'y a déjà plus à leurs yeux, à bien parler, de droits privés, mais seulement une utilité publique » (1). Jamais reproches ne furent moins justifiés. Sacrifier les droits privés à l'utilité publique? Les physiocrates, certes, y songeaient d'autant moins qu'ils ne concevaient même pas que l'exercice des droits légitimes pût jamais être contraire à l'intérêt public (2). Le principe suivant lequel l'intérêt public doit l'emporter sur l'intérêt particulier leur semble « vague, indéfini », pouvant se prêter « à toutes les interprétations et à toutes les extensions, puisqu'il ne fixe aucun des deux objets qu'il met en opposition, et qu'il ne présente rien d'exact, ni même de vrai ». Ce que l'on qualifie de *raison d'Etat* est une « morale de convenance » : « chaque administrateur ne la voit qu'à travers de ses opinions... Ce qui paraît aux uns ou dans un temps l'intérêt public, paraît le contraire aux autres ou dans un autre temps ». A ceux qui se réclament du grand principe *salus populi suprema lex esto*, Le Trosne donne cette réponse vraiment significative : « Mais ce principe est lui-même assujetti à un principe supérieur, qui est celui de la justice et de la propriété » (3).

Le hasard a voulu que, après avoir pris note de l'opinion que professait sur les physiocrates l'auteur de *L'Ancien régime et la Révolution*, j'eusse à consulter sur le même sujet l'*Histoire de la Révolution Française* de Louis Blanc. Là encore, Quesnay et ses disciples sont jugés avec une

(1) A. DE TOCQUEVILLE, *L'Ancien régime et la Révolution*, p. 235. Paris, 1887.

(2) LE TROSNE, p. 103.

(3) LE TROSNE, p. 92, note.

extrême sévérité, et leur doctrine est qualifiée de « fausse et dangereuse ». Mais... alors que Tocqueville les accusait d' « adorer l'égalité jusque dans la servitude » (1), Louis Blanc leur reproche de diviser la société en classe productive et classe stérile, ce qu'il considère comme une sorte de point de départ de cet acte par lequel l'Assemblée constituante « divisera la nation en citoyens actifs et citoyens inactifs, et confiera au hasard les intérêts de la pauvreté ». Tocqueville représentait les physiocrates comme étant prêts à sacrifier les droits de l'individu à l'utilité publique, tandis que, suivant Louis Blanc, ils « inaugurent l'empire de l'individualisme », ils « ouvrent l'espace à cet orgueil, à cette passion de l'intérêt privé », ils aboutissent « à l'affranchissement pur et simple de l'individu » (2) !

Le contraste est assez étrange et je n'étais pas le seul à en avoir été frappé. J'ai pu, en effet, retrouver l'opinion de Tocqueville rapprochée de celle de Louis Blanc dans l'ouvrage de L. de Loménie (3), qui contient, d'ailleurs, d'autres

(1) C'est là une erreur qui était très répandue parmi les contemporains des physiocrates, comme en témoigne, entre autres documents, la correspondance du marquis de Mirabeau et de son frère, le bailli. Voici, en effet, ce qu'écrivait celui-ci à la date du 8 mars 1779 : « Vous avez excité une rébellion générale de la canaille, qui argumente toute d'après l'égalité naturelle ». A quoi le le marquis répondait : « Donnerais-tu aussi dans le cri du vulgaire contre les économistes ? Nous n'avons pas en un seul endroit prêché l'égalité ; nous avons, au contraire, démontré l'essence naturelle des distinctions et la nécessité sociale des prérogatives qu'il ne faut pas confondre avec les privilèges, contre lesquels même nous n'avons rien dit *nominatim*, si ce n'est au sujet des exemptions d'impôts » (cité par L. de Loménie, *Les Mirabeau*, t. II, p. 412).

(2) Louis Blanc, *Histoire de la Révolution Française*, t. Ier, p. 520-521 et 525-526, Paris, 1847.

(3) L. de Loménie, *Op. cit.*, t. II, p. 176 et suiv.

parallèles du même genre, non moins propres à faire ressortir l'extrême divergence des esprits dans l'appréciation des tendances sociales et politiques de l'école de Quesnay (1).

(1) De Loménie rapproche notamment les opinions de Daire et de Duvergier de Hauranne (pour le premier, les physiocrates ont fondé la *morale sociale*; d'après le second, ils étaient étrangers à toute autre préoccupation que celle du bien-être matériel), les opinions de Rossi et de Laboulaye (absolutistes en politique, suivant Rossi, les physiocrates sont, au contraire, d'après Laboulaye, essentiellement libéraux).

CHAPITRE III

LE RÔLE ET LES FONCTIONS DE L'ÉTAT

Malgré la célébrité qu'il a acquise, il s'en faut que l'aphorisme *laisser faire, laisser passer* « résume très heureusement toutes les doctrines » des physiocrates, comme on le prétend trop souvent. Cette façon, quelque peu simpliste, de vouloir réduire un système, aussi vaste et complexe malgré la simplicité de son ordonnance, à une formule unique se justifie d'autant moins en l'espèce que, comme l'a fort bien noté Henry Michel (1), le « laisser faire, laisser passer », au lieu d'occuper dans les doctrines des physiocrates le premier plan et d'effacer tout le reste, tient, en réalité, une place subordonnée et ne vient qu'après le droit de propriété. « Propriété, et, par conséquent, sûreté et liberté de jouir », voilà ce qui constitue, d'après Le Mercier de la Rivière, l'essence de l'ordre social. « Vous pouvez regarder ce droit de propriété comme un arbre dont toutes les institutions sociales sont des branches qu'il pousse de lui-même, qu'il nourrit, et qui périraient dès qu'elles en seraient détachées » (2). Le style imagé mis à part, on retrouve la même

(1) Henry Michel, *L'idée de l'Etat*, p. 20, Paris, 1896.
(2) La Rivière, p. 446.

pensée développée avec non moins de conviction par Le Trosne : « La société entière n'est donc établie que sur la loi de la propriété : tout se rapporte à cette loi, tout est institué pour elle, et dirigé pour son exécution : le souverain, les magistrats, les lois civiles, la force militaire, la loi même de l'impôt qui ne paraît la blesser que pour en devenir l'appui, en fournissant le moyen d'en procurer la sûreté, et de l'améliorer par les dépenses communes » (1).

A cet égard, les physiocrates ne faisaient, en somme, que reproduire les idées traditionnelles sur le droit de propriété envisagé comme fin essentielle de l'ordre politique.

D'après M. Weulersse, « la doctrine du droit de propriété supérieur à la loi positive et base nécessaire de tout ordre politique », renouvelée du droit romain classique par Locke, aurait été introduite en France par Barbeyrac et par Burlamaqui. Quand le Parlement de Grenoble, fait remarquer le même auteur, adresse en 1769 au Roi ce grave avertissement : « il est une loi, Sire, antérieure aux lois civiles, et dont le maintien doit être l'unique but de toutes les institutions sociales ; une loi par laquelle et pour laquelle vous régnez : c'est la loi sacrée de la propriété », il est difficile d'affirmer que les magistrats s'inspirent spécialement de la doctrine physiocratique ; l'insistance avec laquelle ils s'appuient sur le principe de propriété, de préférence à celui de liberté, semblerait cependant devoir faire pencher pour l'affirmative (2). La chose me paraît, à vrai dire, beaucoup plus douteuse qu'à M. Weulersse : pour proclamer le principe inviolable de la propriété, pour affirmer que son maintien doit être l'unique but de l'Etat, il suffisait aux magistrats du Par-

(1) Le Trosne, p. 204, note.

(2) G. Weulersse, *Mouv. phys.*, t. II, p. 38.

lement de Grenoble de rester fidèles à cette conception traditionnelle qui était, en France, bien antérieure à Barbeyrac et à Burlamaqui, puisque Bodin, lui-même, signalait, comme le plus grand inconvénient de l' « estat populaire », ce fait qu'« en ostant ces deux mots Tien et Mien, on mine les fondemens de toutes Républiques, qui sont principalement establies pour rendre à chacun ce qu'il luy appartient » (1).

C'est donc une singulière erreur que commet M. Yves Guyot lorsque, parmi ce qu'il appelle « les trois découvertes de Quesnay », il inscrit, et encore en premier lieu, « l'affirmation de la propriété individuelle » (2).

Mais il faut reconnaître que les physiocrates avaient su faire revivre la vérité ancienne sous un jour nouveau : ils avaient su tirer de ce principe de droit de propriété des conséquences allant à l'encontre de cette réglementation à outrance qui, depuis trois siècles, inspirait toute la politique de l'Etat en matière économique.

Le droit de propriété est, à leurs yeux, indissolublement lié à la liberté : « il ne peut exister sans elle, comme elle ne peut exister sans lui ». Ce lien indique suffisamment que par le terme de *liberté* il faut entendre la liberté économique. Et, de fait, voici l'énumération que donne Le Trosne des « conséquences nécessaires » qui dérivent des droits primitifs de l'individu, c'est-à-dire de la liberté de sa personne et de la propriété mobilière et foncière : « le droit d'user librement

(1) J. Bodin, *Les six livres de la République* (livre VI, ch. iv, p. 682). Paris, 1577.

(2) Yves Guyot, *Quesnay et la physiocratie*, p. li, Paris, 1896.

Cf., dans la thèse de Paul Dubreuil (*Le despotisme légal. Vues politiques des physiocrates*, p. 90, Paris, 1908), le passage suivant : « Ce qui est nouveau et solide [dans la doctrine politique des physiocrates], c'est d'avoir fait de la propriété entendue de la manière la plus large, la base de l'ordre social ».

de ses facultés intellectuelles et physiques, de choisir le genre d'occupation privée qui lui convient, de faire de ses talents et de ses richesses l'emploi qu'il veut, d'acquérir par des moyens légitimes, de s'obliger envers les autres et de les obliger envers lui par des conventions, d'acheter et de vendre dans l'état de pleine concurrence, de disposer de son vivant, de transmettre ses biens à ses héritiers légitimes, de se marier du consentement de ses parents, d'habiter où il juge à propos, de quitter la société en emportant ce qu'il possède, etc. » (1). Comme on le voit, presque tous ces droits concernent la liberté économique, envisagée, il est vrai, dans le sens le plus large du mot, car elle comprend aussi bien la liberté du travail (par opposition au régime corporatif) que la liberté des échanges (par opposition au système protectionniste).

A l'égard de la plupart de ces droits, l'Etat n'a rien autre chose à faire que « d'en laisser jouir les citoyens sans y intervenir ». L'autorité souveraine, déclare Le Trosne, doit « être persuadée que ce qu'ils feront par la seule vue de leur intérêt propre, est ce qu'ils peuvent faire de plus avantageux pour la société, et qu'elle ne peut rien faire de plus injuste et en même temps de plus fâcheux que de vouloir restreindre leur liberté, diriger l'usage de leurs facultés, de leurs propriétés, de leur industrie, réglementer le commerce, etc. »

En attribuant à ces déclarations une portée générale qu'elles sont loin d'avoir en réalité, on a pu croire que, dans la pensée des physiocrates, le respect de la liberté de tous et de chacun impose à l'autorité publique une attitude toute de réserve, un rôle essentiellement négatif (2).

(1) Le Trosne, p. 41, note.

(2) G. Weulersse, *Mouv. phys.*, t. II, p. 39.

Cependant, s'il était exact que cette théorie de l'abstention de l'Etat fût l'alpha et l'oméga de la doctrine politique des physiocrates, il y aurait vraiment lieu d'être surpris du singulier contraste que formerait cette conception avec une autre idée fondamentale du système physiocratique, avec le « despotisme légal ». Comment admettre cette étrange disproportion entre le fort pouvoir dont les physiocrates cherchent à armer l'Etat et la modestie du rôle qui lui serait ainsi attribué !

La vérité est que, si l'Etat doit s'abstenir d'intervenir dans les rapports économiques des citoyens, afin de ne pas entraver le libre exercice de leurs droits, ses origines mêmes le destinent cependant, comme nous l'avons démontré précédemment, à faciliter l'extension la plus large de l'activité économique des individus, et cela d'abord en procurant la *sûreté*.

Remarquez, en effet, que la société naturelle, qui « va d'elle-même par le concours des intérêts particuliers », « serait complète, et l'ordre social naturel suffirait pour assurer son bonheur, si l'homme n'était injuste, violent et plein de passions » (1). Comme, au contraire, il attente souvent à la liberté et à la propriété d'autrui, s'efforçant à procurer son bien-être aux dépens de celui des autres, il s'ensuit que cette société naturelle, qui pourrait parfaitement gouverner tous les rapports entre des hommes instruits, raisonnables et justes, ne suffit pas pour les hommes tels qu'ils sont : « il lui manque une condition essentielle à sa tranquillité et à sa durée, *la sûreté pleine et entière* ».

Prise à la lettre, l'abstention systématique que suppose la formule *laisser faire, laisser passer* équivaudrait à la négation de l'idée de l'Etat, car, pour peu que l'on accepte

(1) LE TROSNE, p. 87.

cette idée, on est forcé de reconnaître à l'Etat certaines attributions, qui ne sauraient appartenir qu'à lui. Les adversaires les plus acharnés de ce que l'on appelle aujourd'hui *l'étatisme* ne peuvent faire autrement que de demander à l'Etat d'assurer la défense du territoire, la justice, la police. C'est ce qu'exprime, en somme, Le Trosne, lorsqu'il dit qu'il faut à la société une sauvegarde, toujours présente, dont la protection permette à chacun de s'occuper paisiblement de ses intérêts particuliers, *et réprime toute invasion, toute lésion, toute injustice.*

On pourrait, au premier abord, être tenté de ne voir là qu'un simple reflet de la doctrine de Locke sur la justice pénale considérée comme base du pouvoir politique. Une étude plus attentive montre, cependant, que le rôle de l'Etat, comme le conçoivent les physiocrates, dépasse de beaucoup ce cadre étroit. Oui, comme le dit encore Le Trosne, l'Etat a été formé pour assurer le règne de la justice : « la souveraineté est tout entière dévouée au maintien de la justice, et c'est sans doute son plus bel attribut » (1). Mais cette notion de la justice comporte ici un sens très large. Si elle vise, avant tout, le droit de propriété, puisque, suivant la définition de Quesnay, elle détermine « ce qui appartient à soi-même ou à un autre », il faut aussi tenir compte que les physiocrates la considèrent non seulement comme la règle universelle des rapports d'homme à homme, mais encore comme « la loi suprême du souverain et des sujets, la mesure exacte du commandement et de l'obéissance » (2).

Il y a plus : entre les lois de la justice ainsi comprise et les lois de la reproduction et de la distribution des subsis-

(1) Le Trosne, p. 88.
(2) Le Trosne, p. 89.

tances, la « science nouvelle » découvre une liaison intime. Le *juste* et l'*utile*, « que l'ignorance a si souvent séparés dans le fait », se trouvent unis par des liens indissolubles, de sorte qu' « un rapport intime et nécessaire » s'établit « entre l'observation de la justice et le bonheur des hommes » (1).

Comme ce bonheur du genre humain ne peut se réaliser que sous l'égide de la société politique, il est évident que l'Etat ne saurait se borner à être un simple gardien vigilant de l'ordre. Oui, il est appelé, avant tout, à procurer la sûreté et, plus spécialement, celle des propriétés. Mais, en allant au fond des choses, on est obligé de reconnaître que cette sûreté n'est pas le but final de l'Etat : elle est seulement le moyen par lequel l'Etat contribue à assurer le bonheur, la prospérité. Considérez, par exemple, la loi de l'impôt, qui occupe dans le système une place importante, venant immédiatement après celle de la propriété. Le marquis de Mirabeau en fait une analyse pénétrante, lorsqu'il écrit au margrave de Bade : « l'objet patent et visible de la loi de l'impôt est *la sûreté*, mais ce serait s'arrêter à son écorce que de n'y pas reconnaître un objet secondaire en apparence et primordial en réalité, je veux dire *la prospérité*. » (2). Et il insiste sur ce point, ne voulant pas qu'il reste « trop rétréci dans notre idée ». Il ne suffit pas, en effet, de dire que « ce qui nous procure la sûreté, nous assure la prospérité » : l'objet principal de l'impôt est de réaliser la prospérité *d'une manière directe*, sous forme de cet avantage immense que présentent à la fois pour chacun en particulier et pour la société entière l'entretien et l'amélioration des « possessions communes ». C'est

(1) Le Trosne, p. 180.
(2) Knies, t. Ier, p. 13.

par une funeste erreur que, de tout temps, les peuples ont cru « ne devoir armer la puissance tutélaire des propriétés que pour la sûreté », et le marquis s'applique à faire ressortir « qu'au lieu que la dépense directement employée à la sûreté est communément ruineuse (1), celle qui l'est à la prospérité a un effet tout contraire et grossit nécessairement la recette qui constitue la puissance » (2).

Malgré les apparences, les physiocrates ne se laisseraient donc point enrôler dans la troupe des partisans de ce que l'on appelle de nos jours la théorie de l'*Etat-gendarme*. On en trouve, d'ailleurs, une preuve suffisante dans la définition même que donne, par exemple, Le Trosne des devoirs et des droits du gouvernement ou de la puissance souveraine ; « son devoir est de veiller, de garder, de protéger, de réprimer ; son droit est d'être obéie et pourvue des moyens d'atteindre son but » (3).

Si le devoir de veiller, de garder, de réprimer fait partie intégrante de la conception de l'*Etat-gendarme*, le devoir de *protection* constitue une notion qui, infiniment plus élastique, peut tout aussi bien se rapprocher, dans une certaine mesure, de la conception opposée, de l'*Etat-providence*.

Sans doute, les physiocrates estiment que « partout où l'autorité n'est pas nécessaire, son influence ne peut que nuire au libre jeu de la machine » (4). Mais toute la question est là : il s'agit justement de délimiter la sphère où, suivant l'école, cette action gouvernementale n'est pas néces-

(1) Mirabeau a ici en vue les dépenses nécessitées par la défense extérieure : « tout ce qui constitue la sûreté intérieure, la police, etc., doit entrer dans l'article de la prospérité ».

(2) *Ibidem*, p. 16.

(3) Le Trosne, p. 88.

(4) Le Trosne, p. 106.

saire, et la chose n'est pas aussi simple qu'on pourrait le croire. Dira-t-on que, la liberté des échanges une fois assurée, l'Etat doit se désintéresser de tout ce qui est d'ordre économique ? Rien ne serait plus faux. L'auteur de l'*Ordre social* ne reconnaît-il pas, lui-même, qu' « il ne suffit pas à l'administration d'assurer la liberté du commerce au dedans et au dehors : il est de son devoir et par conséquent de son intérêt, de travailler à vaincre les obstacles qui rendent la communication plus difficile, et d'employer une portion du revenu public à construire des chemins, etc. » (1). Ce devoir des travaux publics se trouve, d'ailleurs, nettement tracé dans les *Maximes générales du gouvernement économique* de Quesnay (2).

Il y a plus : est-ce qu'une de ces maximes — et même une des premières (Maxime III) — n'exige pas du gouvernement une politique économique assez définie, lorsqu'elle proclame la nécessité, pour le souverain, de ne jamais perdre de vue « que la terre est l'unique source des richesses, et que c'est l'agriculture qui les multiplie » ?

Quand La Rivière déclare que le sort du propriétaire foncier doit être « le meilleur état possible » dans la société, il a soin de préciser sa pensée, en ajoutant : « je ne veux point faire entendre qu'on doive lui accorder des privilèges particuliers, des prérogatives sur les autres états : il n'a besoin que de celles qui lui sont attribuées par la nature, et dont il doit jouir nécessairement pour l'avantage commun de toute la société » (3). Mais il n'en reste pas moins que les physio-

(1) Le Trosne, p. 156-157, note.

(2) Quesnay, p. 333 et 325 (*Maximes*, VIII et XVII). — Cf. : Mirabeau, *Les Devoirs*, p. 168. Milan, 1770.

(3) La Rivière, p. 233. — Cf. Le Trosne, p. 337, note : « L'administration conforme à l'ordre sera toujours celle qui se proposera, non de gouverner les sujets en voulant par l'appât des gratifica-

crates font au gouvernement un devoir d'encourager l'agriculture par une *protection décidée* des fermiers (1). « C'est du gouvernement seul », écrit Quesnay à l'intendant de Soissons, « que dépend la prospérité ou la dégradation de l'agriculture » (2).

Dans les manuscrits du marquis de Mirabeau (3), on trouve de longs développements sur cette nécessité des encouragements pour l'agriculture et tout un plan d'action gouvernementale dans ce sens. C'est ainsi que le gouvernement doit se préoccuper de diminuer le nombre des candidats aux emplois publics, afin de détourner le moins possible de gens d'une profession « pour laquelle on a du goût dès l'enfance », car, ajoute familièrement le marquis, « tous les marmots pleurent pour écrire et font des jardins par goût ». C'est ainsi encore que, tout en respectant la liberté de chacun en cette matière, il faut, cependant, « donner à l'agriculture une voie pour se faire connaître du gouvernement ». A cet effet, Mirabeau propose de créer un Directeur général de l'agriculture, qui « établirait des correspondances, exciterait l'établissement d'Académies d'agriculture dans chaque province, ferait passer les livres reconnus bons sur cette partie, enverrait des ouvriers, des graines, des plants à ceux qui lui en demanderaient, ferait imprimer les mémoires et découvertes faites dans chaque province ». On doit surtout se garder de donner

tions ou des privilèges, les détourner d'un travail pour les porter vers un autre ; mais celle qui accordera à tous sans distinction ni préférence ce qu'elle doit généralement à tous, *protection et sûreté* ».

(1) QUESNAY, p. 183.

(2) Lettre publiée dans l'étude de O. THIELE, « François Quesnay und die Agrarkrisis im Ancien Régime » (*Vierteljahrschrift für Social- und Wirtschaftsgeschichte*, 1906, IV, 3 et 4).

(3) G. WEULERSSE, *Manuscrits*, p. 50 et suiv.

à ce fonctionnaire un « brevet à vie », car « il faut que cet homme soit en état d'aller » : il doit faire tous les ans des tournées dans un certain nombre de provinces et, tous les cinq ans, il doit avoir achevé l'inspection du royaume. Il est « le correspondant universel et le truchement des agriculteurs auprès du Prince », et ses patentes doivent être enregistrées dans tous les Parlements et affichées à toutes les paroisses de campagne, pour que le pauvre ainsi que le riche pût s'adresser à lui ». Bref, n'était la crainte de commettre un anachronisme de langage, on aurait, me semble-t-il, le droit de voir dans ce Directeur général de l'agriculture un très authentique représentant de l'*Etat-providence*.

Dans une étude récente sur la politique économique de Turgot et de ses contemporains, M. Fengler remarque que le principe du *laisser faire* trouva son complet développement précisément chez Turgot, aucun des contemporains n'ayant exigé avec la même insistance l'application de ce principe à toutes les questions de la législation (1). Et, cependant, dans l'*Eloge de Gournay*, Turgot a eu soin de faire ressortir que « M. de Gournay ne prétendait pas tellement borner les soins de l'administration, en matière de commerce, à celui d'en maintenir la liberté et d'écarter les obstacles qui s'opposent aux progrès de l'industrie, qu'il ne fût très convaincu de l'utilité des encouragements à donner à l'industrie, soit en récompensant les auteurs des découvertes utiles, soit en excitant l'émulation des artistes pour la perfection, par des prix et des gratifications » (2). Ces idées étaient, en somme, celles que professait, en cette matière, Turgot lui-

(1) O. Fengler. *Die Wirtschaftspolitik Turgots und seiner Zeitgenossen im Lichte der Wirtschaft des Ancien Régime*, p. 133-134. Leipzig, 1912.

(2) Turgot, *Œuvres*, t. 1er, p. 279.

même, comme témoigne le passage suivant d'une lettre à l'abbé Terray : « Après l'entière liberté de l'affranchissement de toutes taxes sur la fabrication, le transport, la vente et la consommation des denrées, s'il reste quelque chose à faire au gouvernement pour favoriser un commerce, ce ne peut être que par la voie de l'instruction, c'est-à-dire en encourageant les recherches des savants et des artistes qui tendent à perfectionner l'art, et surtout en étendant la connaissance des procédés dont la cupidité cherche à faire autant de secrets. Il est utile que le gouvernement fasse quelques dépenses pour envoyer des jeunes gens s'instruire, dans les pays étrangers, des procédés ignorés en France, et qu'il fasse publier le résultat de leurs recherches » (1).

Ainsi donc, même en ce qui concerne la politique économique des physiocrates, on ne saurait souscrire à l'opinion de ceux qui la considèrent comme très simple et de caractère négatif, « parce qu'elle se résume dans l'aphorisme *laisser faire, laisser passer*, c'est-à-dire dans la liberté illimitée, qui est conforme à l'ordre naturel » (2). En réalité, même dans les questions d'ordre économique, l'Etat physiocratique, tout en ayant pour devoir de n'apporter aucune entrave au libre concours des intérêts particuliers, n'en a pas moins à remplir aussi un rôle positif.

On oublie vraiment trop que les physiocrates considéraient le gouvernement de l'ordre comme un idéal de perfection auquel les hommes doivent tendre toujours sans que l'on puisse jamais espérer de l'atteindre, car, dans la pratique, les passions humaines apporteront toujours des obstacles à ce gouvernement parfait et absolu de l'ordre : c'est précisément pour cela qu'il importe d'en posséder exactement la théorie,

(1) TURGOT, *Œuvres*, t. Ier, p. 380.

(2) L. COSSA, *Histoire des doctrines économiques*, p. 281, Paris, 1899.

de manière, nous dira Le Trosne, à avoir toujours ce modèle sous les yeux et à « pouvoir redresser dans un temps les désordres particuliers qui peuvent s'être introduits dans un autre » (1). Or, ceci implique tout autre chose qu'une politique de pure abstention.

Sans doute, le libre jeu de l'intérêt personnel, de ce *primum movens* de l'activité économique, fait que, suivant l'expression de La Rivière, *le monde va de lui-même :* « le désir de jouir et la liberté de jouir ne cessant de provoquer la multiplication des productions et l'accroissement de l'industrie, ils impriment, à toute la société, un mouvement qui devient une tendance perpétuelle vers son meilleur état possible » (2). Mais, si la vie sociale, par la force même de l'association, *tend* ainsi à réaliser ce que Quesnay appelle « l'ordre le plus avantageux au genre humain », c'est précisément à l'Etat qu'incombe le soin d'assurer aux individus la jouissance de tous les avantages en question.

Ce rôle, l'Etat ne saurait s'en acquitter qu'en conservant la plénitude des grandes fonctions qu'on lui reconnaît généralement. Il n'est pas inutile de le dire et d'y insister même, car, s'il est vrai que les physiocrates attachaient une importance considérable à la fonction d'*administration* (3), on a

(1) Le Trosne, p. 265-266, note. — Cf. le passage suivant de la *Première introduction à la philosophie économique* de l'abbé Baudeau: « Eh ! pourquoi, s'il vous plaît, voudriez-vous que l'art d'organiser les sociétés humaines n'eût pas comme les autres, pour patron ou pour modèle, une idée métaphysique de perfection impossible à réaliser dans son tout complet et absolu, mais dont l'ignorance et la maladresse nous éloignent plus, dont la science et l'exercice nous approchent davantage (*in Physiocrates*, éd. Daire, p. 792).

(2) La Rivière, p. 447.

(3) « L'autorité tutélaire consiste dans l'administration de la force publique », proclame l'intitulé même du chapitre XIV de *L'Ordre naturel* (p. 100).

tort de croire que la fonction législative ne comptait guère dans leur conception du rôle de l'Etat.

Parmi les quatre ou cinq paradoxes auxquels l'opinion courante réduisait, pendant si longtemps, la doctrine physiocratique, on voyait toujours figurer la fameuse réponse que La Rivière aurait faite à Catherine II : « Donner ou faire des lois, Madame, c'est une tâche que Dieu n'a laissée à personne » (1). L'anecdote traînait partout et paraissait assez plaisante : il était infiniment plus simple et surtout plus divertissant de la répéter que d'ouvrir *L'Ordre naturel et essentiel des sociétés politiques* et d' « aller y voir » ce que son auteur pensait réellement sur ce sujet. Si quelque anecdotier avait eu la curiosité de le faire, il eût été fort surpris d'apprendre que La Rivière considérait le pouvoir législatif comme le premier attribut de la puissance publique. Voici ce qu'il écrit, en effet, à la page 102 de son livre : « Quel que soit le dépositaire ou l'administrateur de la force publique, le pouvoir législatif est son premier attribut ; car il faut que l'évidence nous soit connue avant qu'elle puisse asservir nos volontés, et que les lois soient instituées avant que l'autorité puisse s'occuper du soin de les faire observer ».

Il faut s'entendre : lorsqu'un autre physiocrate, Le Trosne, déclare que « le pouvoir de faire des lois ne peut appartenir aux hommes » et que « Dieu se l'est réservé à lui seul », il est loin de nier la nécessité d'un pouvoir législatif : il veut simplement que ce pouvoir se conforme aux lois de l'ordre

(1) Comme le fait remarquer avec raison M. Depitre, ces anecdotes partout citées, quoique fort peu authentiques, témoignent surtout du ridicule dans lequel était tombé l' « inventeur du despotisme légal » (p. xxxv de la Notice d'introduction à l'édition de *L'Ordre naturel et essentiel des sociétés politiques*, publiée dans la « Collection des économistes et des réformateurs sociaux de la France », Paris, 1910).

naturel, à cette législation qui « est écrite en caractères sensibles dans le grand livre de la nature », car c'est dans ce livre que se trouvent, *par des déductions* aussi simples que faciles, les lois qui constituent le meilleur ordre social. Le pouvoir législatif consiste donc *à déduire, à appliquer, à déclarer.*

On lit dans *Les maximes du docteur Quesnay* (1) : « Les hommes ni leurs gouvernements ne font point les lois et ne peuvent point les faire. Ils les reconnaissent comme conformes à la raison suprême qui gouverne l'univers, ils les déclarent ; ils les *portent* au milieu de la société... C'est pour cela qu'on dit porteur *de loi, législateur,* et recueil des lois portées, *législation,* et qu'on n'a jamais osé dire faiseur *de loi, législfacteur* » (2).

La conformité parfaite avec les lois naturelles et essentielles des sociétés est, d'après La Rivière, « la première condition requise pour instituer de bonnes lois positives, des lois dont l'autorité soit inébranlable » (3).

Ainsi envisagées, les lois positives sont simplement *des actes déclaratifs et confirmatifs* des devoirs et des droits établis par les lois naturelles.

On le voit, ces principes — et le Trosne le dit explicitement — « n'excluent pas les lois positives ; ils prouvent seulement que ces lois ne doivent être arbitraires dans leurs motifs » (4).

(1) *In Physiocrates*, éd. Daire, p. 390. — On ne confondra pas ces *Maximes* avec les *Maximes générales du gouvernement économique d'un royaume agricole.*

(2) Il n'est pas sans intérêt de rappeler que Portalis, dans son Discours préliminaire au Code civil, a dit lui aussi : « On ne fait pas les lois, on les écrit ».

(3) La Rivière, p. 76.

(4) Le Trosne, p. 58, note.

L'auteur de l'*Ordre social* va même plus loin et reconnaît qu' « 'il est indispensable dans l'administration et dans la législation civile de déterminer une infinité de choses par des lois positives ».

Il distingue trois ordres de lois : les *lois fondamentales*, les *lois constitutives* et les *lois civiles*.

Les premières sont « les lois de la justice absolue et essentielle », sans lesquelles il ne peut exister d'autres lois, ni même de société : c'est la traduction, en quelque sorte, des lois naturelles.

Les lois constitutives renferment les moyens que la société a pris pour assurer l'observation des lois fondamentales. Elles comprennent, en réalité, tout ce qui concerne l'organisation politique : « l'établissement de l'autorité souveraine, son dépôt dans telle ou telle main, l'ordre de la succession, les droits et les fonctions des corps intermédiaires, la hiérarchie des tribunaux, la formation des lois positives, la loi de l'impôt, sa perception, la comptabilité du revenu public, etc. » (1).

Le troisième ordre de lois est celui des lois civiles et criminelles.

Sans doute, de ces dernières lois notamment on doit retrancher toute disposition purement arbitraire ; on doit déduire des lois fondamentales la raison des lois positives qui sont indispensables pour régler les détails. Et il est assez piquant de voir l'ancien avocat du Roi et conseiller honoraire au présidial d'Orléans critiquer « une législation civile, si excessive par l'énormité de son volume, que la vie la plus longue de l'homme le plus infatigablement laborieux, peut à peine lui permettre d'en connaître les principales parties, et

(1) Le Trosne, p. 279, note.

de posséder seulement la nomenclature des autres, tant elle est composée d'une multitude de lois arbitraires, de coutumes locales et bizarres qui se contrarient d'un pas à l'autre, de règlements et de décisions particulières... » (1) Que de savoir serait perdu, s'écrie-t-il ironiquement, « si nos lois civiles étaient réduites à celles qui sont nécessaires et qui tirent leur raison des lois primitives ! Que de livres et de grands commentaires deviendraient inutiles ! Que de bibliothèques à nettoyer et à vider ».

D'une manière plus générale, d'ailleurs, il est exact que l'idéal des physiocrates est de réduire la législation à son minimum : « rassemblons dans notre esprit le recueil énorme des législations connues... élaguons tout ce qui concerne l'administration du fisc ou des revenus publics, les institutions caractéristiques des divers Etats mixtes et de leurs formes, tout ce qui paraît évidemment bizarre, injuste, inutile, contradictoire, absurde, destructif quand on le compare à l'ordre essentiel de bienfaisance, et vous verrez s'il en restera beaucoup » (2).

Mais il n'en est pas moins vrai que, malgré les apparences de la formule *laisser faire*, le système physiocratique, loin de supprimer le pouvoir législatif, lui réserve, en réalité, une sphère d'activité assez étendue. Il suffit, pour s'en convaincre, de noter combien est compréhensive la définition que donne Quesnay des lois positives : celles-ci « sont des règles authentiques, établies par une autorité souveraine pour fixer l'ordre de l'administration du gouvernement ; pour assurer l'observation des lois naturelles ; pour maintenir ou réformer les coutumes et les usages introduits dans la

(1) Le Trosne, p. 331-332.
(2) Baudeau, in *Physiocrates*, éd. Daire, p. 788.

nation ; pour régler les droits particuliers des sujets relativement à leur état ; pour déterminer décisivement l'ordre positif dans les cas douteux, réduits à des probabilités d'opinions ou de convenances ; pour asseoir les décisions de la justice distributive » (1).

Assigner à l'action législative la tâche de maintenir ou de réformer les coutumes et les usages, n'est-ce pas reconnaître que l'Etat doit exercer son influence sur les esprits ? Tout porte, d'ailleurs, à croire que l'Etat aura beaucoup plus à *réformer* qu'à *maintenir*, car si, pour parler comme Le Trosne, le grand livre de la nature est ouvert à tous les regards, il n'en est pas moins vrai qu'il a été « peu consulté jusqu'ici ». Et, puisque mille causes cumulées ont « concouru à rendre les nations malheureuses, à faire oublier les notions simples des droits et des devoirs ; à substituer de toute part la force à la justice, et l'arbitraire aux lois immuables de la nature » (2), c'est à l'Etat qu'il appartient de mettre fin à cette « dépravation » de l'ordre légal et de réaliser « la restauration et la stabilité » de cet ordre, comme l'indique le titre même d'un des ouvrages du marquis de Mirabeau (3). Dans un document qui reste en grande partie inédit et que nous avons déjà eu l'occasion de citer (4), le marquis avait raison de rappeler que les économistes « n'ont cessé de répéter que la loi suprême de la conservation et du bonheur possible de notre espèce exigeait en tout temps le redressement des torts et l'expiation des attentats de la fausse politique, aveugle ou perfide, contre l'ordre natu-

(1) Quesnay, p. 638.

(2) Le Trosne, p. 65.

(3) Marquis de Mirabeau, *Lettres sur la législation ou l'Ordre légal, dépravé, rétabli et perpétué*, Berne, 1775.

(4) *Obs. sur la Décl. de Virg.*

rel, le Roi des Rois et le centre réel de la souveraineté ».

Comme les moyens nécessaires pour établir ou, plus exactement, pour rétablir l'ordre et le perpétuer sont « tous renfermés dans une connaissance suffisante de l'ordre » (1), l'Etat est nécessairement appelé à « guérir » l'ignorance qui a fait méconnaître les vrais principes. « L'*ordre social* n'a besoin que d'être *connu* pour servir de règle et de flambeau à la *liberté*, à l'*intérêt* personnel... Le premier, le principal *devoir* de l'autorité tutélaire, est donc l'*instruction* qui prévient les injustices et les violences qu'elle aurait à réprimer » (2). L'Etat doit donc satisfaire ce besoin essentiel de l'homme social, l'instruction, besoin que Le Trosne inscrit avant même celui de la protection contre les passions d'autrui et les entreprises de la cupidité usurpatrice (3). L'Etat doit prêcher la bonne parole ; si, pour la propagation de la foi, qui est une grâce de Dieu, on n'en a pas moins considéré comme nécessaire la prédication évangélique, à plus forte raison la même idée s'impose-t-elle pour propager la connaissance de l'ordre naturel (4). « Toute spirituelle qu'est la religion », écrira le marquis de Mirabeau au margrave de Bade, « le zèle et la saine politique en ont rendu l'enseignement commun à toutes les classes d'hommes, ainsi doit-il en être de la religion du pain quotidien » (5).

L'organisation de l'instruction publique vient ainsi s'inscrire parmi les fonctions obligatoires de l'Etat : comme le dit La Rivière, les établissements nécessaires à l'instruction

(1) La Rivière, ch. viii.

(2) Baudeau, *Vrais principes du droit naturel* (*Ephém.*, 1767, t. III, p. 144).

(3) Le Trosne, p. 87.

(4) La Rivière, p. 55.

(5) Knies, t. Ier, p. 24.

« font partie de la forme essentielle d'une société » (1). « Que la nation soit instruite des lois générales de l'ordre naturel qui constituent le gouvernement évidemment le plus parfait », proclame la deuxième des « Maximes générales », et ailleurs Quesnay déclare que « la première loi positive, la loi fondamentale de toutes les autres lois positives est donc l'*institution de l'instruction publique et privée des lois de l'ordre naturel*, qui est la règle souveraine de toute législation humaine, de toute conduite civile, politique, économique et sociale (2) ».

Il s'agit donc non seulement de l'instruction publique au sens général du mot, mais d'une instruction spéciale, de cette « instruction économique », par laquelle l'Etat doit « vaincre et détruire les préjugés, qui de toute part s'opposent aux progrès de la lumière » (3).

Dans ses lettres au margrave de Bade, le marquis de Mirabeau insiste constamment sur cette idée. Il indique les moyens de réaliser cette instruction et trace même un plan détaillé de ce qu'il faut enseigner au peuple. Il recommande au prince, aussitôt qu'il y aura une formule d'instruction économique, faite pour le peuple, d'ordonner aux pasteurs « de joindre cette instruction à celle de la religion chrétienne ». Il conseille à son correspondant de donner un exemplaire de cette sorte de catéchisme (c'est le mot même qu'emploie le marquis) laïque à chaque père de famille et de perpétuer ce don à l'occasion de chaque mariage. Il préconise aussi « beaucoup d'écoles de filles », et la raison prin-

(1) La Rivière, p. 55. — Voir également du même auteur : « Mémoire sur l'instruction publique » (*Nouvelles Ephémérides économiques*, 1775, t. IX, p. 131-188, et t. X, p. 103-148).

(2) Quesnay, p. 375.

(3) Le Trosne, p. 339

cipale qu'il en donne est celle-ci : « des mères qui sauront lire, écrire, l'arithmétique, leur catéchisme et leur instruction, élèveront elles-mêmes leurs enfants dans les soirées : autant de temps et de dépense de moins ».

On le voit : à la lecture, à l'écriture, au calcul, doit venir s'ajouter l'instruction économique, qui, sous la plume du marquis, devient « l'instruction » tout court.

Et que faut-il donc apprendre au peuple ? Beaucoup de choses, à telles enseignes que Mirabeau ne se dissimule pas qu'on pourrait lui reprocher de vouloir « étendre bien loin l'instruction purement populaire ». Et de fait, voyez ce que comprend le programme :

« 1° L'immunité sacrée des 3 propriétés *personnelle*, *mobilière* et *foncière*, leur principe, leur enchaînement ; 2° cette connaissance entraîne celle des droits de l'homme et celle-ci celle de ses devoirs ; 3° de là naissent les droits et les devoirs sociaux, dont l'objet est d'étendre et de maintenir la propriété ; 4° la loi, prise dans la raison et la convenance des choses : la loi de manger est dans la faim, la loi de travailler est dans le besoin d'avoir de quoi manger. Cette progression peut s'étendre ainsi à toute la circonférence légale selon la portée de l'écolier, mais on ne saurait trop inculquer aux hommes pour les rendre bons et cela dès leur enfance, que la loi proprement dite est dans la nature et que les hommes n'en sauraient faire d'obligatoires et qui ne soient impies, si elles s'écartent de là ; 5° la souveraineté est dans la loi, car rien ne saurait être supérieur à la raison et à la convenance des choses. De là les droits de la souveraineté et ses propriétés ; 6° l'autorité tutélaire et son dépositaire, propriétaire incommutable du droit de faire respecter et exécuter la loi. Là les raisons qui fondent l'intérêt qu'ont les sujets à l'établissement de cette propriété incommutable ; 7° Le patrimoine public fait portion de cette propriété ; considéré comme cause de toutes les autres, il a son droit légal sur le produit disponible du territoire ; 8° La quotité de ce droit légal a son objet, son emploi, son utilité et quelle est l'impiété et la folie de s'y refuser ! » (1).

Si prolixe habituellement dans ses écrits, le marquis (2) a su condenser dans cette vingtaine de lignes tout un vaste plan d'éducation civique, qui ne lui était, du reste, pas personnel. Lorsque Le Trosne parle des « lois fondamentales » et des « lois constitutives », il exige que les premières fassent matière d'une instruction publique et d'un enseignement continuel, qui « ne doit pas se borner à des notions générales » ; il demande aussi que les livres élémentaires de l'enseignement public contiennent les notions de ces deux ordres de lois « en abrégé et moins détaillées pour la généralité des citoyens, et beaucoup plus étendues pour ceux qui se destinent à remplir quelque fonction publique » (3). Là encore, le programme est vaste, car les lois constitutives embrassent, comme nous l'avons vu, toute l'organisation politique.

Ici comme ailleurs, les physiocrates comptent, à vrai dire, beaucoup sur la persuasion. Ils estiment, en effet, que les gouvernements ont créé une disposition fâcheuse des esprits qui porte à se méfier de tout ce qui vient de leur initiative. « Pour guérir cette plaie », écrit Le Trosne, « il ne suffit pas même que le gouvernement prenne la résolution la plus ferme

(1) KNIES, t. Ier, p. 25.

(2) Dans une lettre à son ami, le marquis Longo, il qualifie lui-même son style d'« amphibologico-gothico-familier ». Lettres inédites de « l'Ami des Hommes » (1787-1789), publiées par M. Dauphin Meunier (*Correspondant*, 25 janvier 1913, p. 278).

(3) LE TROSNE, p. 279, note.

et la plus éclairée de ne plus consulter que l'avantage de la société ; il faut de plus que le peuple en soit intimement persuadé. Or il ne peut acquérir cette conviction que par la voie de l'instruction qui fait précéder la lumière, et qui amène les sujets au point de désirer et de solliciter les réformes qu'on veut entreprendre » (1). Vaincre les préjugés, amener les esprits à faire admettre et à « goûter » les principes de l'ordre, à en faire désirer l'application au gouvernement, tout cela ne saurait être l'ouvrage de la force, ni de l'autorité : « la force révolte loin d'obtenir le consentement ; l'autorité commande et ne persuade pas ; si elle veut prévenir toute résistance, et se faire obéir avec empressement, il faut qu'elle y dispose les esprits » (2).

Il serait, je crois, cependant exagéré de dire, avec M. Garçon (3), que les physiocrates ne veulent pas d'autres moyens d'action que la persuasion et refusent de contraindre personne. Voyez le marquis de Mirabeau. A propos des difficultés éprouvées par le margrave de Bade dans l'établissement de l'impôt direct selon la formule physiocratique, il veut que « ce changement soit demandé comme l'établissement de l'ordre et non ordonné par le prince, qui selon l'ordre ne doit rien ordonner » (4). Jusqu'à la fin de ses jours, il restera apparemment fidèle à cet idéal (5), et, parmi ses lettres, publiées récemment par M. Dauphin Meunier, il en

(1) Le Trosne, p. 124, note.

(2) Le Trosne, p. 339-340.

(3) Garçon, « Un prince allemand physiocrate » (*Revue de droit public et de la science politique*, 1895, t. IV, p. 85).

(4) Knies, t. Ier, p. 82.

(5) Il convient de noter, pourtant, que cet idéal, le marquis n'a appris à le cultiver que grâce à l'influence de Quesnay : on verra, plus loin (p. 122-128), qu'avant sa conversion à la physiocratie, Mirabeau était, au contraire, un esprit très autoritaire.

est une — celle du 10 janvier 1788 au marquis Longo — qui est particulièrement significative à cet égard : « Le meilleur des gouvernements est le plus ressemblant à celui du ciel, qui maintient tout et ne se montre jamais ; ordonner, enjoindre, réformer est le geste d'un enfant qui frappe de droite et de gauche et qui s'annonce à haute voix ; c'est l'oubli du premier résultat de l'expérience à savoir que ce qui est bien fait se fait de soi-même et sans être ordonné si rien ne l'empêche, et que ce qui est mal aurait triple sanction de Jupiter, Neptune et Pluton, qu'il sera éludé, fraudé, oublié, méprisé jusqu'à ce que pis s'ensuive » (1). Et pourtant, lorsqu'il s'agit de l'instruction publique, Mirabeau la veut *obligatoire* et ne recule pas devant les mesures de coercition : « Il serait nécessaire », enseigne-t-il au margrave de Bade, « que Votre Altesse établît aux frais du public (2) un maître d'école dans chaque province ; que ces places fussent assez bonnes pour être recherchées et que ces gens fussent obligés de montrer à lire, écrire et l'arithmétique à tout enfant né dans leur province, et qu'il fût dit dans Votre édit qu'à partir du jour de sa date, tout enfant né postérieurement à cette époque qui, de quelque pays qu'il revînt, ne serait pas instruit de ces 3 choses, apporterait de droit à sa famille la peine d'une amende dite, supposé que cette famille fût en état de la payer et l'eût été, par conséquent, d'émanciper son enfant ; ou, si c'était de pauvres gens, au maître d'école de la paroisse, à moins qu'il ne se fût muni, ou lui ou son devancier, d'un certificat portant l'imbécillité absolue ou l'expatriation forcée de l'enfant » (3).

(1) Lettres inédites de l' « Ami des Hommes »... (*Correspondant*, 25 février 1913, p. 684).

(2) V., sur ce principe de gratuité de l'instruction, les *Leçons économiques* du même auteur, p. 126.

(3) Knies, t. Ier, p. 66.

Pour assurer la diffusion de la « science », les physiocrates ne négligent, d'ailleurs, aucun moyen. L'instruction verbale ne suffit pas : « il faut des livres doctrinaux dans ce genre, et qui soient dans les mains de tout le monde » (1). En même temps que l'instruction élémentaire, on doit viser aussi l'enseignement supérieur : « Il nous faudrait », écrit Le Trosne, « deux ouvrages classiques : l'un plus abrégé pour être enseigné dans le cours de philosophie pendant trois mois, et l'autre plus étendu pour être enseigné pendant un an dans les Facultés de Droit, sur lequel tout étudiant soutiendrait une thèse publique » (2).

Autre moyen, destiné en même temps à assurer la compétence des fonctionnaires : « il est nécessaire que ceux qui se destinent aux emplois de l'administration soient assujettis à l'étude de l'ordre naturel le plus avantageux aux hommes réunis en société » (3). Dans le même sens, Le Trosne écrit : « Dans une nation où l'on voudrait établir le gouvernement de l'ordre, et le fonder sur l'instruction publique, personne ne devrait être reçu à exercer aucune place sans avoir donné des preuves publiques et sérieuses de ses études et de sa capacité » (4). Mirabeau est, sur ce point, plus précis encore : « aussitôt que l'instruction sera établie et possible », recommande-t-il au margrave, « il doit être requis pour obtenir aucun emploi quelconque d'administration ou de magistrature civile, que l'aspirant entende et connaisse non seulement les principes économiques, mais encore qu'il en sache tous les calculs... »

Bref, l'Etat doit tout mettre en œuvre pour « créer un es-

(1) La Rivière, p. 55-56.
(2) Le Trosne, p. 437, note.
(3) Quesnay, *Maxime* II, p. 331.
(4) Le Trosne, p. 292, note.

prit national » (1). Au moyen du « double ressort des récompenses et des peines », avec le secours de l'exemple et de l'instruction, « il n'est point d'obstacle qu'un souverain ne soit en état de surmonter ; il n'est point de nation si corrompue qu'il ne réforme ; il n'est point d'administration si vicieuse qu'il ne ramène à l'ordre » (2). Il ne s'agit que de savoir diriger l'opinion pour maîtriser et transformer les hommes (3).

Tocqueville, qui, à d'autres points de vue, s'est montré, comme je l'ai déjà indiqué, très injuste envers les physiocrates, a par contre exactement saisi leur conception de l'Etat-éducateur : « L'Etat, suivant les économistes, n'a pas uniquement à commander à la nation, mais à la façonner d'une certaine manière : c'est à lui de former l'esprit des citoyens suivant un certain modèle qu'il s'est proposé à l'avance ; son devoir est de les remplir de certaines idées et de fournir à leur cœur certains sentiments qu'il juge nécessaires » (4). Mais, se laissant entraîner par son animosité contre les physiocrates, l'auteur de *L'Ancien régime et la Révolution* a une vision moins juste des choses, lorsqu'il ajoute : « En réalité, il n'y a pas de limites à ses droits [aux droits de l'Etat] ni de bornes à ce qu'il peut faire ; il ne réforme pas seulement les hommes, il les transforme ; il ne tiendrait peut-être qu'à lui d'en faire d'autres ! « L'Etat fait des hommes tout ce qu'il veut », dit Baudeau. Ce mot résume toutes leurs théories ».

Remarquons, en passant, combien on se laisse facilement aller à cette tendance de vouloir « résumer » les doctrines

(1) LE TROSNE, p. 283.
(2) LE TROSNE, p. 294.
(3) LE TROSNE, p. 296.
(4) A. DE TOCQUEVILLE, *Op. cit.*, p. 239-240.

des physiocrates et, ce qui plus est, *toutes* leurs doctrines dans tel ou tel autre aphorisme. Et n'est-il pas curieux de voir combien contradictoires sont les résultats auxquels aboutissent ces tentatives de simplification ! Alors que, pour Tocqueville, la boutade de Baudeau résume toutes leurs théories, d'autres croient pouvoir affirmer que « la devise célèbre *laisser faire, laisser passer* qu'ils ont inscrite sur leur drapeau résume très heureusement toutes leurs doctrines » (1). Voilà donc deux « résumés » diamétralement opposés l'un à l'autre, et, comme cela arrive souvent, la vérité est entre ces deux opinions extrêmes : il n'est pas plus exact de prétendre que les physiocrates n'avaient aucun respect pour les droits de l'individu et ne reconnaissaient pas de limites aux droits de l'Etat, que de leur attribuer une conception du rôle de l'Etat purement négative et toute d'abstention.

Pour compléter ce chapitre, il est intéressant de montrer comment les physiocrates concevaient les relations de l'Etat avec les puissances étrangères.

Le sujet a été longuement traité et par La Rivière (2), et par Le Trosne (3).

Il va de soi que l'un et l'autre insistent sur la nécessité de la plus grande liberté dans les échanges, liberté qui est une conséquence du droit de propriété : que les échanges se fassent au dedans ou au dehors, déclare Le Trosne, cette différence ne modifie en rien l'essence des choses. C'est là le point de vue économique de l'Ecole, qui est de notion cou-

(1) L. AMELINE, L'idée de la souveraineté d'après les écrivains français du XVIIIe siècle, p. 261 (*Thèse de droit de Paris*, 1904).

(2) Ch. XXXV de l'*Ordre naturel* (p. 317-333).

(3) *De l'Ordre social*, Discours X : *Des guerres et des prohibitions du commerce* (p. 397-450).

rante et sur lequel nous n'avons pas à insister ici. Mais ce que l'on sait moins, c'est que, au point de vue politique, les physiocrates étaient internationalistes et, l'on pourrait même dire, fédéralistes.

Comme tout se tient dans leur système, leurs vues concernant les rapports internationaux se rattachent à l'idée de cette société naturelle, universelle et tacite, qui a précédé la formation des sociétés politiques (1). Selon La Rivière, l'institution de celles-ci n'a pu détruire cette société naturelle, générale et tacite, qui n'a fait que prendre une forme nouvelle : les divers Etats se présentent ainsi comme « différentes branches du même tronc ». Ils seraient, d'ailleurs, tous gouvernés par des lois qui, dans ce qu'elles ont d'essentiel, seraient parfaitement semblables, si toutes les nations s'étaient élevées à la connaissance de l'ordre immuable. Quoi qu'il en soit, « tous les peuples de l'Europe ne forment naturellement qu'une seule et même société ». Lorsque les rois, se conformant à l'usage, se traitent de *frères*, ce n'est pas une fraternité *personnelle* qu'ils veulent désigner, c'est au contraire une *fraternité nationale*. Ils parlent en chefs des nations qu'ils représentent et « ils se reconnaissent pour *frères*, parce que chaque peuple, chaque Etat doit se reconnaître pour *frère* d'un autre peuple, d'un autre Etat ».

Pour Le Trosne, le principe de la fraternité des nations n'est pas seulement dicté par la justice : il est aussi conforme à l'intérêt de chaque nation indépendamment de la conduite des autres. Ce principe « ne doit pas être simplement regardé comme une belle idée morale, bonne à enseigner dans les écoles des philosophes, mais comme une maxime pratique de gouvernement dont on ne peut s'écarter qu'à son préjudice ».

(1) V. ci-dessus, p. 39.

La Rivière considère comme chimérique l'idée de vouloir maintenir l'équilibre européen, en divisant les puissances « pour les mettre en contre-forces et en opposition les unes aux autres ». Par contre, une confédération générale de toutes les puissances de l'Europe lui paraît « tellement dans l'ordre de la nature, qu'on doit la supposer toujours faite, ou plutôt toujours existante, sans l'entremise d'aucunes conventions expresses à cet égard, et par la seule force de la nécessité dont elle est la sûreté politique de chaque Nation en particulier ».

CHAPITRE IV

L'ORGANISATION DE L'ÉTAT

I. — Le despotisme légal.

Cherchant à dégager les influences qui, au cours du XVIIIe siècle, ont le plus efficacement contribué à l'éducation politique de la France, Duvergier de Hauranne reconnaît que, à côté des deux écoles qui se rattachent aux noms de Rousseau et de Montesquieu, se place une troisième, celle des économistes. Mais il en donne une assez singulière caractéristique : les physiocrates n'auraient été préoccupés que d'améliorations matérielles et « consentaient indifféremment à les recevoir du roi absolu ou du peuple souverain, de l'aristocratie ou de la démocratie, de la monarchie ou de la république » (1).

C'est une opinion qu'il est vraiment difficile d'accepter, pour peu que l'on soit familiarisé avec les écrits des physiocrates, où les considérations de morale et de justice sociales tiennent une place si importante. On a pu dire, il est vrai, que la base de la morale des physiocrates est l'intérêt agri-

(1) DUVERGIER DE HAURANNE, *Histoire du gouvernement parlementaire en France*, t. Ier, p. 39, Paris, 1857.

cole (1). Et, de fait, lorsque le marquis de Mirabeau essaie de convertir J.-J. Rousseau à la physiocratie, il lui écrit : « Tout l'avantage physique et moral des sociétés se résume en un point, *accroissement du produit net.* Tout attentat contre la société se détermine par le fait, *diminution du produit net.* C'est sur les deux plats de cette balance que vous pouvez asseoir et peser les lois, les mœurs, les usages, les vices et les vertus » (2). Mais ceci prouve seulement que, suivant le mot déjà cité de Le Trosne, la science de l'ordre joint par des liens indissolubles *le juste et l'utile*, et ne permet nullement de conclure que les physiocrates aient été étrangers à toute autre préoccupation que celle du bien-être matériel.

De nos jours, cependant, quelques auteurs ont cru pouvoir soutenir la même thèse d'indifférentisme des physiocrates en matière politique, mais en adoptant un point de départ quelque peu différent, quoique tout aussi inexact. C'est ainsi que Cossa a écrit : « L'action de l'Etat étant réduite uniquement à la défense sociale, on comprend que la question de la forme du gouvernement fût secondaire pour les physiocrates, et on comprend aussi pourquoi beaucoup d'entre eux ont préféré le gouvernement puissant d'un seul à celui d'une assemblée, parce qu'ils le croyaient plus indépendant et plus porté aux réformes nécessaires pour émanciper l'industrie des entraves qui l'enserraient » (3). Il y a, me semble-t-il, dans ces paroles de l'historien italien des doctrines économiques, une contradiction flagrante : la question de la forme du gouvernement était, en réalité, si

(1) L. de Loménie, *Op. cit.*, t. II, p. 326.

(2) Lettre du marquis de Mirabeau à J.-J. Rousseau du 30 juillet 1767, *in Précis de l'ordre légal*, p. 210-211.

(3) Cossa, *Op. cit.*, p. 281.

loin d'être secondaire aux yeux des physiocrates que, suivant Cossa lui-même, beaucoup d'entre eux ont préféré le gouvernement puissant d'un seul. Et pourquoi ? parce qu'ils croyaient ce gouvernement plus apte à réaliser les réformes qu'exigeait l'émancipation de l'industrie. Mais n'est-ce pas là précisément une preuve manifeste que l'action de l'Etat ne se réduisait pas, pour les physiocrates, « uniquement à la défense sociale » !

M. Weulersse reproduit à peu près le raisonnement de Cossa : « Mais si l'action propre du gouvernement est réduite à si peu de chose, il importe assez peu, semble-t-il, quelle forme il revête, et à quelles mains il soit confié » (1). Il croit même que les physiocrates avaient, effectivement, commencé par professer « cette hautaine indifférence à l'égard des différents types de constitutions politiques », mais, comme le public ne pouvait comprendre une pareille indifférence, leur politique devait, de toute manière aboutir à une théorie positive de la constitution nationale.

Ceci ne nous explique pas, cependant, pourquoi ils ont abouti à la théorie du gouvernement d'un seul plutôt qu'à toute autre théorie. Or, l'explication est facile à trouver et s'impose, pour ainsi dire, d'elle-même si, réduisant comme de juste la formule *laisser faire, laisser passer* à son véritable champ d'application, qui est la liberté de la concurrence économique, on veut bien se rendre compte que, dans d'autres domaines — et même tout simplement pour assurer à chacun le libre exercice de son droit et le respect du droit de ses concitoyens, — les physiocrates demandent à l'Etat tout autre chose que cette attitude de réserve.

Henry Michel a, dans une formule concise, dégagé le mo-

(1) G. WEULERSSE, *Mouv. phys.*, t. II, p. 43.

bile essentiel de leur politique : « la nécessité des choses veut qu'un pouvoir fort surgisse pour assurer aux individus la jouissance de tous les avantages liés à la vie sociale » (1).

Mais un pouvoir fort ne comporte pas de partage. Rappelez-vous la première des « Maximes générales du gouvernement économique » de Quesnay : « Que l'autorité souveraine soit unique et supérieure à tous les individus de la société et à toutes les entreprises injustes des intérêts particuliers ». Cette unité du pouvoir s'impose non seulement parce que c'est la condition indispensable pour que le pouvoir soit réellement en dehors et au-dessus des passions des particuliers, mais encore en raison de l'action même que l'autorité est appelée à exercer : il est de l'essence de l'autorité de ne point être partagée, car la diviser ce serait la réduire à l'impossibilité d'agir (2). Enfin, cette unité répond au principe dont émane la puissance publique et qui est la réunion de toutes les volontés dans un intérêt *unique*.

De tous les gouvernements, la monarchie et, précisons-le bien, la monarchie héréditaire est le plus propre « à donner à l'autorité la force qu'elle doit avoir pour remplir son objet » (3). Mais — il est bon d'insister encore une fois sur ce point, car il donne trop souvent lieu à des interprétations erronées — ceci n'équivaut nullement à une apologie de la monarchie existante. Au contraire, Le Trosne a soin d'ajouter que, « dans l'état d'ignorance des lois essentielles de l'ordre », le gouvernement monarchique est mêlé d'inconvénients, « comme tous les autres ».

Reste à savoir si l'on ne peut pas « le perfectionner et en prévenir les inconvénients par un partage de l'autorité qui,

(1) Henry Michel, *L'idée de l'Etat*, p. 20.
(2) La Rivière, p. 129.
(3) Le Trosne, p. 241.

sans lui ôter son activité, l'empêche de devenir arbitraire ».

La manière même dont la question est posée indique déjà que les physiocrates ne risquaient pas de s'embarrasser de toutes les subtilités des discussions philosophiques et juridiques, qui, depuis Bodin surtout, divisaient les partisans et les adversaires des « Etats mixtes » (1). Ils envisagent le problème à un point de vue purement utilitaire. Le succès a-t-il répondu aux espérances qu'avaient fait naître les diverses combinaisons de l'autorité avec les moyens destinés à la balancer et à la contenir ? Voilà ce qu'il s'agissait de savoir. La réponse, telle que la donne Le Trosne, est plutôt décourageante. « Si l'on consulte les faits, dit-il, peut-être trouvera-t-on souvent dans ces institutions autant d'inconvénients que d'avantages. Si la puissance intermédiaire n'a pas toujours déchiré la société par des guerres civiles, combien de fois ne l'a-t-elle pas divisée par la discorde, par les factions, par l'esprit de parti, qui, toujours porté à l'excès, provoque et soutient concurremment les entreprises de l'autorité sur le corps national, et de celui-ci sur les droits du souverain ? Plus les représentants sont attachés à la constitution, plus ils sont intègres et incorruptibles, et plus la société est agitée et ressemble à un vaisseau toujours battu par l'orage : car ils ne voudront rien céder au souverain ; ils mettront leur gloire et leur vertu à lui résister » (2).

Remarquez que Le Trosne est loin de méconnaître le rôle historique qu'a joué dans l'origine du régime représentatif le vote de l'impôt par les contribuables. Au contraire, dans la crainte d'être asservi par une contribution arbitraire, il voit

(1) O. Gierke, *Johannes Althusius und die Entwicklung der naturrechtlichen Staatstheorien*, 2e éd., p. 153-157, Breslau, 1902.

(2) Le Trosne, p. 249-250.

la cause même qui a fondé les républiques et qui a fait redouter le gouvernement d'un seul : « Si l'on veut y faire attention, on trouvera que l'avantage qui a été recherché avec tant de passion par certains peuples sous le nom de liberté par opposition à la servitude, se réduit en grande partie à l'immunité par rapport à l'impôt, ou du moins au droit de le fixer et de le lever eux-mêmes » (1). Mais, comme la question de l'impôt se règle, pour les physiocrates, en quelque sorte automatiquement en vertu de la théorie qui en fait un droit de copropriété du souverain, ils n'ont pas à chercher une garantie à cet égard dans « la combinaison des différents pouvoirs ».

Il est assez curieux de noter, en passant, que, dans la constitution anglaise, l'auteur de l'*Ordre social* ne voyait autre chose que matière à des luttes stériles. Le vrai sens du régime parlementaire et de la liberté politique paraît lui échapper complètement, et la preuve en est dans la diatribe suivante : « Une nation voisine très méfiante et jalouse de sa liberté, prend le parti, non d'armer sa contre-force, mais de désarmer presque le souverain... Est-elle vraiment plus libre qu'une autre ? Oui, si la liberté consiste dans le droit de nouer des factions, de déclamer contre l'autorité et les ministres, de répandre des libelles, de se livrer aux clameurs et aux émeutes populaires. Mais si la vraie liberté consiste dans le droit de faire tout ce qui n'est pas défendu par la justice, dans la sûreté civile, dans le droit d'user de ses facultés, de disposer de ses productions, d'acheter, de vendre et de jouir dans l'état d'immunité, après avoir acquitté par un partage régulier la dette sacrée de l'impôt ; il n'est peut-être pas de nation moins libre » (2).

(1) Le Trosne, p. 125-126.
(2) Le Trosne, p. 248-249, note.

Qualifié d' « opinion funeste » par Quesnay, le système des *contre-forces* (1) ne pouvait naturellement trouver grâce devant les élèves du docteur, mais aucun, peut-être, ne l'a condamné avec plus de sévérité que le marquis de Mirabeau, et le fait vaut d'autant plus d'être signalé, que, avant de se convertir à la doctrine physiocratique, le marquis avait défendu des idées diamétralement opposées, en préconisant notamment un gouvernement mixte, partagé entre une royauté tempérée et les divers ordres de l'Etat (2) : « Depuis que les hommes », écrit-il, « se sont ingéniés pour mélanger de toutes les manières possibles leurs institutions sociales et pour se précautionner contre les abus du pouvoir, ils n'ont imaginé que des institutions fragiles, construit que des édifices fondés sur le sable, c'est-à-dire sur l'instabilité et la discordance des intérêts mal entendus. Ils n'ont encore pu rencontrer aucune forme de gouvernement mixte, ou plutôt d'autorité mixte, capable de résister aux efforts tumultueux des intérêts particuliers exclusifs » (3).

Partant de cette considération que, dans la première des « Maximes » de Quesnay, la condamnation du système des contre-forces voisine immédiatement avec celle de « la division des sociétés en différents ordres de citoyens, dont les uns exercent l'autorité souveraine sur les autres », M. Güntzberg soutient que, dans leur hostilité à l'égard du système des contre-forces, les physiocrates visaient, non pas la division des fonctions de l'Etat, mais le défaut d'unité du pouvoir, qu'ils croyaient apercevoir dans la constitution an-

(1) QUESNAY, p. 329, *Maxime* I.

(2) V. sur ce point la thèse de M. H. RIPERT, *Le marquis de Mirabeau* (l'Ami des hommes); *ses théories politiques et économiques* (Paris, 1901).

(3) MARQUIS DE MIRABEAU, *Lettres sur la législation...*, t. II, p. 656.

glaise (1). D'après l'auteur allemand, si les physiocrates demandent que le pouvoir législatif et le pouvoir exécutif soient réunis dans une seule et même main, ils le font moins par opposition à l'idée d'un « Etat mixte » qu'en raison de la conception suivant laquelle le rôle de l'Etat serait purement administratif.

On trouve, dans la thèse de M. Ripert sur le marquis de Mirabeau, une opinion à peu près analogue sur la manière dont les physiocrates envisageaient la séparation des pouvoirs législatif et exécutif : « Ils ne concevaient pas l'autorité qui fait la loi comme différente de celle qui l'exécute, et cela à raison de leur conception particulière de la loi, qu'ils considéraient comme précepte éternel, immuable, supérieur à toute société, que l'autorité n'invente pas, mais se contente d'appliquer. Peu importait dès lors pour la garantie des citoyens que cette autorité fût une ou multiple, puisque son rôle était tout passif et qu'elle recevait toute faite cette loi que la nature elle-même a inscrite dans son code » (2).

Le raisonnement ne me paraît pas juste : il laisserait supposer et expliquerait une simple indifférence à l'égard de la séparation des pouvoirs législatif et exécutif, mais il n'explique pas l'hostilité manifeste que lui témoignaient les physiocrates. Le fait que la législation positive ne devait être, dans leur pensée, que la traduction de la loi de l'ordre naturel ne les a pas empêchés cependant, comme nous le verrons plus loin, de chercher, contre les entraînements et les abus possibles du pouvoir législatif, une garantie dans une conception particulière du rôle du pouvoir judiciaire.

En réalité, ils se méfiaient de la rivalité des pouvoirs

(1) B. GÜNTZBERG, *Op. cit.*, p. 97-98.

(2) H. RIPERT, *Op. cit.*, p. 386-387.

législatif et exécutif confiés à des organes différents ; ils redoutaient les luttes stériles qui pourraient en résulter : « Si, pour former deux puissances, on place dans une main le pouvoir législatif, et dans une autre le dépôt de la force publique, à laquelle des deux faudra-t-il obéir, lorsque les lois de la première et les commandements de la seconde seront en contradiction ? Si l'obéissance alors reste arbitraire, tout sera dans la confusion ; et comme on ne peut obéir en même temps à deux commandements contradictoires, il faut qu'il soit irrévocablement décidé, lequel doit être exécuté par préférence ; or il est évident que cette décision ne peut avoir lieu, sans détruire une de ces deux puissances, pour n'en plus reconnaître qu'une seule dominante » (1).

La critique, il faut l'avouer, a plus de consistance et plus de vigueur que celle de J.-J. Rousseau, qui, lui aussi, considérait la souveraineté comme indivisible et tournait en dérision la théorie de la séparation des pouvoirs, sans produire, cependant, contre elle, d'autres arguments que des plaisanteries faciles (2).

Mais, ce qui est remarquable, c'est que, pour les physiocrates, ce principe d'indivisibilité, d'*unité* du pouvoir implique, comme « conséquence évidente », que celui-ci ne peut être exercé par plusieurs. La Rivière consacre de longs

(1) La Rivière, p. 102-103.

(2) « Nos politiques... font du souverain un être fantastique et formé de pièces rapportées ; c'est comme s'ils composaient l'homme de plusieurs corps, dont l'un aurait des yeux, l'autre des bras, l'autre des pieds, et rien de plus. Les charlatans du Japon dépècent, dit-on, un enfant aux yeux des spectateurs ; puis, jetant en l'air tous ses membres l'un après l'autre, ils font retomber l'enfant vivant et tout rassemblé. Tels sont à peu près les tours de gobelets de nos politiques ; après avoir démembré le corps social par un prestige digne de la foire, ils rassemblent les pièces on ne sait comment » (*Contrat social*, livre II, ch. II).

développements à la démonstration de cette vérité, tant en ce qui concerne le pouvoir législatif que pour le pouvoir exécutif, et il aboutit à cette conclusion que la meilleure forme de gouvernement est le gouvernement d'un seul, « d'un chef *unique* qui soit le centre commun dans lequel tous les intérêts des différents ordres de citoyens viennent se réunir sans se confondre » (1).

La Rivière ne se dissimule pas que « le grand argument de ceux qui sont ennemis de toute monarchie est que cette forme de gouvernement conduit au despotisme ». Mais le mot, ni même la chose, comprise d'une façon tout à fait spéciale il est vrai, ne l'effraient point. Quesnay venait justement de publier, dans les *Ephémérides du citoyen* (mars, avril, mai et juin 1767), son mémoire sur le *Despotisme de la Chine* (2), et l'auteur de *L'Ordre naturel* s'empressait d'adopter le terme, en lui donnant, à l'exemple du maître, une signification qu'il n'avait jamais eue auparavant.

Il fallait un certain courage pour braver ainsi la force de l'habitude prise, mais il y avait là une perspective d'anti-

(1) La Rivière, p. 142-143.

(2) Ce mémoire doit être considéré comme le premier exposé des idées politiques des physiocrates : d'après M. Schelle (*Dupont de Nemours et l'école physiocratique*, p. 88, Paris, 1888), il servit en quelque sorte de préparation au livre de La Rivière. M. Oncken (*Quesnay*, p. 563, note 1) estime, lui aussi, que le *Despotisme de la Chine* peut, dans un certain sens, être envisagé comme le précurseur de *L'Ordre naturel et essentiel des sociétés politiques*, lequel a paru en juin de la même année et aurait été composé sous l'inspiration directe de Quesnay, à en juger d'après le passage suivant d'une lettre du marquis de Mirabeau à Longo, datée du 27 mai 1888 : « J'ai vu l'auteur de *L'Ordre naturel et essentiel des sociétés politiques* travailler six semaines entières en robe de chambre dans l'entresol du docteur, fondre et refondre son ouvrage et ensuite renier son père et sa mère » (L. de Loménie, *Op. cit.*, t. II, p. 384).

thèses qui devait être assez tentante pour un esprit se plaisant à des constructions symétriques : oui, le nom même de despotisme « nous peint toujours une chose odieuse, contraire à l'ordre, aux droits naturels de l'humanité », mais... « le despotisme factice et déréglé, dont nous sommes effrayés à juste titre, et le despotisme naturel, tel qu'il est institué par l'ordre même, ne se ressemblent point : il est également impossible que le premier ne soit pas orageux, destructif, accablant, et que le second ne produise pas tous les biens que la société peut désirer » (1). Le premier est *arbitraire*, le second est établi naturellement et nécessairement sur l'évidence des lois, il est *légal*.

Comme le fait judicieusement remarquer M. Depitre, « on s'explique mal que Tocqueville ait pu confondre ce despotisme *légal* des physiocrates avec le *despotisme démocratique*. On comprend mieux l'erreur des contemporains qui n'y voulurent voir que le despotisme tout court. A vrai dire, le mot sonnait mal aux oreilles dans une époque avant tout soucieuse de liberté politique » (2).

Rousseau fut particulièrement scandalisé de l'étrange assemblage que formaient les deux mots : « Monsieur », écrivait-il au marquis de Mirabeau, « quoi qu'il arrive, ne me parlez plus de votre *despotisme légal*, je ne saurais le goûter, ni même l'entendre ; et je ne vois rien là que deux mots contradictoires, qui réunis ne signifient rien pour moi » (3).

La signification en était, cependant, bien simple : *despotisme légal* voulait dire « despotisme des lois ». Comme l'a fait très justement remarquer M. Ripert (4), on n'a voulu

(1) LA RIVIÈRE, p. 167.
(2) E. DEPITRE, *Op. cit.*, p. XXVIII.
(3) *Précis de l'ordre légal*, p. 197.
(4) H. RIPERT. *Op. cit.*, p. 396.

voir dans cette expression que le mot de *despotisme*, en s'imaginant que les physiocrates préconisaient une forme du gouvernement personnel opposée au despotisme arbitraire : si l'on veut saisir le sens exact de leur pensée, c'est au contraire au mot *légal* qu'il convient d'accorder toute l'attention.

« Il n'y a de bon gouvernement », proclame le marquis de Mirabeau, « que le despotisme légal, c'est-à-dire l'exécution absolue des lois données par le Despote qui nous fait respirer » (1), et c'est ce que l'Ami des hommes s'efforcera de démontrer à Rousseau : « Vous n'entendez point nos lois », lui déclare-t-il, « nous n'en avons d'autres que la *propriété* personnelle, mobiliaire et foncière, d'où dérivent toutes les libertés possibles qui ne nuisent point à la propriété d'autrui. C'est de la connaissance de cette loi générale et applicable à tous les cas quelconques, que dérive notre *despotisme légal* qui vous effraye, et qui ne doit pourtant pas vous étonner davantage que le despotisme du calcul qui, depuis qu'il est reçu, décide tous les comptes faits et à faire... Le chiffre arrive, décide le cas despotiquement et sans appel : car, dites-moi, quelles sont les contre-forces de l'*addition* et de la *soustraction ?* En cet état, ce n'est pas la peine de disputer sur l'espèce de la main dépositaire de l'autorité, et chargée d'exercer de despotisme légal. Vous redoutez l'autorité d'un seul, comme plus susceptible de dégénérer en arbitraire : nous croyons le concours de plusieurs susceptible d'association d'intérêts particuliers contre le despotisme légal. Mais il est à considérer... que sitôt que les lois essentielles de l'ordre naturel seront généralement connues et enseignées, elles seules seront despotes, et le consentement de tous

(1) *Précis de l'ordre légal*, p. 71-72.

veillera à leur exécution » (1). Huit ans plus tard, le marquis, revenant sur cette question dans ses *Lettres sur la législation*, donne encore, en termes explicites, la même définition du despotisme légal : « Je n'aurai pas craint, une fois l'ordre naturel démontré, de prononcer ces grands mots, *despotisme légal*. En effet, une fois la justice par essence connue, les droits fixés, les devoirs marqués, l'évidence des lois naturelles démontrée, qui peut se refuser au *despotisme de ces lois ?* Celui-là sans doute qui se sera fait naître lui-même et qui saura se préserver de mourir » (2).

Cependant, en fait, ce despotisme des lois, il faut bien qu'il se manifeste par l'organe de l'autorité souveraine. D'après La Rivière, le propre de la force publique est de rester sans mouvement, jusqu'à ce que la volonté qui est en droit de commander, la fasse agir : « par ce moyen, cette même force devient *personnelle* à la volonté qui la met en action » (3). C'est ainsi que le despotisme légal devient nécessairement *personnel*. L'épithète pouvait, à juste titre, paraître plus inquiétante encore que le terme de despotisme *légal* : « le seul mot de despotisme personnel », reconnaît La Rivière, « inspirait une certaine horreur dont on ne pouvait se défendre ». Mais, s'il en fut ainsi dans le passé, c'est que, faute d'avoir connu la force irrésistible de l'*évidence*, on ne voyait point comment l'autorité unique ne serait pas arbitraire dans ses volontés. Or, rien de pareil n'est à redouter dans le despotisme légal, car c'est « l'évidence qui commande avant que le souverain ordonne » (4). Dans ces conditions, le despotisme personnel est de la même nature que celui des vérités géo-

(1) *Ibid*, p. 217-219.
(2) *Lettres sur la législation*..., t. III, p. 460.
(3) La Rivière, p. 180-181.
(4) La Rivière, p. 184.

métriques. Depuis des siècles, le despote Euclide règne ainsi sur tous les peuples éclairés, « et il ne cessera d'exercer sur eux le même despotisme, tant qu'il n'aura point de contradictions à éprouver de la part de l'ignorance » : c'est là aussi la seule résistance dont le despotisme personnel et légal ait à triompher pour assurer sa domination.

Le despotisme légal ne se confond donc aucunement avec l'absolutisme, avec ce que La Rivière et les autres physiocrates flétrissent du nom de despotisme *arbitraire*. Loin de souscrire aux maximes proclamées par les apologistes du pouvoir absolu : *Quidquid principi placuit legis habet vigorem*, « Si veut le roi, si veut la loi », l'auteur de *L'Ordre naturel* dit que le souverain « peut tout, excepté ce qui lui est impossible de vouloir » (1). C'est ainsi qu'il ne peut « arbitrairement renverser et changer les lois » : il ne le peut pas précisément parce qu' « il en est empêché par une puissance qui ne lui permet pas même d'en avoir la volonté ».

Et lorsque, à propos du despotisme légal, M. René Girard demande : « Est-ce autre chose en somme que la théorie du *bon tyran*? » (2), nous pouvons dire que M. Gide a répondu par avance à cette question, en déclarant justement que, pour les physiocrates, le despotisme « n'était pas le synonyme de tyrannie, mais l'opposé. Ce n'était même pas ce que l'on a appelé plus tard le régime du bon despote, qui doit faire les hommes heureux, malgré eux, par la supériorité de son génie » (3).

(1) La Rivière, p. 147.
(2) René Girard, *Loc. cit.*, p. 206.
(3) Ch. Gide, *Op. cit.*, 2e éd., p. 41.

II. — Les garanties que comporte le despotisme légal.

On retrouve dans la conception du despotisme légal une des idées maîtresses de la doctrine politique des physiocrates : c'est que l'opinion publique est, en réalité, la seule force sur laquelle puissent s'appuyer les gouvernements. « L'opinion, quelle qu'elle soit », écrit La Rivière, « est véritablement la *Regina del mundo*... selon qu'elle est ou n'est pas dans le vrai, elle fait les vertus et les vices... tantôt elle fonde des Empires, et tantôt elle les détruit » (1).

Mais l'opinion peut être basée sur un préjugé, elle peut être le fruit de l'ignorance, et c'est précisément pour cela que, d'après le même auteur, « une simple opinion » ne saurait constituer une force irrésistible : elle a pour ennemis autant d'autres forces particulières qu'il peut s'établir d'opinions diverses. Produits de l'ignorance, toutes ces forces combattent entre elles à armes égales : ce sont, suivant l'expression imagée de La Rivière, « des aveugles qui, s'attaquant réciproquement, ne peuvent connaître que les maux qu'ils éprouvent, et jamais ceux qu'ils font » (2).

Pour pouvoir s'imposer, pour être souveraine, l'opinion doit être, comme le veut Quesnay, « exercée, étendue et perfectionnée par l'étude des lois naturelles » (3). Ainsi éclairée, elle devient l'*évidence*, dont la force est vraiment irrésistible. C'est là, en somme, la véritable et unique source du pouvoir, car, selon La Rivière, « le droit de commander n'appartient

(1) La Rivière, p. 68.
(2) La Rivière, p. 168.
(3) Quesnay, p. 376.

qu'à l'évidence » (1). Cependant, comme tous les hommes ne sont pas également susceptibles de saisir l'évidence et que, en tout cas, l'intérêt du moment peut faire fléchir, en eux, l'évidence du devoir, il faut que l'autorité naturelle de l'évidence soit armée d'une force coercitive. Il faut, en d'autres termes, que la puissance législative, quoiqu'elle commande au nom de l'évidence, dispose de la force publique.

Mais ne faut-il pas prévoir le cas où l'autorité souveraine s'écarterait, elle aussi, de l'évidence de ses devoirs, où elle chercherait à abuser de son pouvoir, où, en un mot, le despotisme, de légal qu'il était, tendrait à devenir arbitraire ?

A vrai dire, le système est construit de telle façon qu'il laisse fort peu de place à une pareille éventualité. N'oublions pas que la société politique, telle que la conçoit l'école, fait partie de l'ordre naturel. A ce titre, elle est régie par des lois qui portent, en elles-mêmes, leur sanction inéluctable. Une fois de plus, nous voyons apparaître ici le lien par lequel les physiocrates rattachent le droit à l'économie politique ; les principes de la justice — et nous savons déjà qu'il faut entendre celle-ci au sens le plus large du mot — sont si étroitement liés aux lois de la nature relatives à la reproduction des biens, que l'homme est forcé d'être juste lorsqu'il veut être heureux. « Tel est en effet le pouvoir suprême et la force irrésistible de l'ordre, qu'il n'est pas possible aux hommes de s'écarter impunément de la ligne qu'il leur trace » (2).

La sanction peut, à première vue, paraître trop vague pour constituer une garantie contre les abus du pouvoir. Mais — et c'est là ce qui fait l'originalité du système — ce principe général, suivant lequel l'ordre violé amène, pour ainsi dire automatiquement, la punition de l'infracteur de ses lois, ac-

(1) La Rivière, p. 102.
(2) Le Trosne, p. 211.

quiert une signification très concrète par rapport au souverain, grâce à la théorie qui représente celui-ci comme *copropriétaire* du produit net des terres de sa domination.

En s'appuyant sur le chapitre XIX de *L'Ordre naturel*, M. Weulersse écrit que « le gouvernement doit être monarchique parce que le souverain est en fait le plus grand propriétaire de la nation » (1).

La marche du raisonnement suivi par les physiocrates et, en particulier, par La Rivière, me paraît être tout autre.

Nous avons vu que la formule *point de droits sans devoirs et point de devoirs sans droits* s'applique pleinement à l'autorité souveraine, comme à tous les membres de la société politique (2). Cette autorité est, d'après La Rivière, instituée dans la société et par la société pour assurer parmi les hommes la propriété et la liberté, conformément aux lois naturelles (3) : « c'est parce qu'elle doit protection et sûreté, qu'on lui doit obéissance et partage dans les récoltes » (4). C'est là, en somme, la base de la théorie fiscale des physiocrates, et, notons-le en passant, ces mots « partage dans les récoltes » indiquent suffisamment que cette théorie, tout comme le système physiocratique dans son ensemble, ne saurait s'appliquer qu'à l'Etat agricole.

Pour que l'Etat soit à même de réaliser son but, il doit être pourvu des ressources nécessaires. Les dépenses publiques ou, suivant le langage de l'école, les « avances sociales », sans lesquelles « il n'y aurait ni propriété assurée, ni culture, ni société » (5), supposent un revenu public. Or, comme la

(1) G. Weulersse, *Mouv. phys.*, t. II, p. 48.
(2) V. plus haut, p. 46.
(3) La Rivière, p. 154.
(4) La Rivière, p. 24.
(5) Le Trosne, p. 175.

terre est la source unique de toutes les richesses et qu' « une nation agricole n'a que sa reproduction annuelle pour fournir à sa dépense, dont l'entretien public fait partie » (1), l'impôt destiné à former ce revenu public doit, lui aussi, être unique et ne peut être prélevé que sur la partie *disponible* du produit net, ce prélèvement se faisant suivant un taux proportionnel, établi une fois pour toutes et calculé de manière que le sort du propriétaire foncier reste préférable à tout autre état.

Si La Rivière se déclare pour la monarchie héréditaire et ne veut pas de monarque électif, c'est qu'il considère le souverain par droit de succession comme « un propriétaire qui conduit lui-même et pour son propre compte l'administration de ses domaines », tandis qu'un souverain par élection « n'est qu'un usufruitier », qui, comme tel, « se trouve fortement intéressé à profiter de son usufruit pour augmenter la grandeur de sa famille, ainsi que la fortune dont il jouit à tout autre titre que celui de souverain » (2). Or, la meilleure forme de gouvernement est justement « celle qui ne permet pas qu'on puisse gagner en gouvernant mal, et qui assujettit au contraire celui qui gouverne, à n'avoir pas de plus grand intérêt que de bien gouverner » (3).

Ce point de perfection se trouve réalisé par la souveraineté héréditaire, car celle-ci rend le souverain copropriétaire du produit net. Il s'établit de la sorte un intérêt commun entre « l'Etat gouvernant » et « l'Etat gouverné » : les revenus du souverain ne pouvant s'accroître qu'en raison de l'accroissement de ceux de ses sujets, les intérêts du souverain se trouvent indissolublement unis à ceux de la na-

(1) Le Trosne, p. 167.
(2) La Rivière, p. 143 et 149.
(3) La Rivière, p. 142.

tion. Dans ces conditions, un prince qui gouvernerait mal ne manquerait pas de porter aussitôt préjudice à ses propres intérêts. L'hypothèse devient, de ce fait, presque invraisemblable, car « le privilège de se faire du mal n'appartient qu'aux fous, et la démence n'est pas faite pour le trône » (1). Le gouvernement monarchique se trouve ainsi être la « seule et unique forme de gouvernement où l'Etat gouvernant ne peut jamais avoir de plus grand intérêt que celui de bien gouverner » (2).

Comme l'état plus ou moins prospère du produit net constitue, d'après l'enseignement de l'école, une sorte de critérium général de la politique, l'accroissement et la diminution de ce produit net représentant, selon l'expression pittoresque de Mirabeau, les deux plateaux de la balance sur laquelle on peut peser les lois, il est facile de comprendre toute la force que les physiocrates attachaient à cette garantie résidant dans l'identité des intérêts matériels du monarque et du peuple, garantie en vertu de laquelle « *le meilleur état possible* du souverain ne peut s'établir que sur *le meilleur état possible* de la nation » (3). Ils étaient si profondément convaincus de son efficacité qu'ils voyaient dans la doctrine de l'impôt « la principale base de la constitution des Etats, et surtout des Etats monarchiques, où il ne peut y avoir d'autre préservatif contre la tyrannie et contre la rébellion que la connaissance de la règle naturelle de l'impôt » (4).

(1) Dupont de Nemours, *De l'origine et progrès d'une science nouvelle*, p. 79.

(2) La Rivière, p. 314.

(3) La Rivière, p. 150.

(4) Notes au manuscrit de la *Théorie de l'impôt*, in G. Weulersse, *Manuscrits*, p. 55.

La *connaissance* de la règle naturelle... Voilà, en réalité, une autre garantie que comporte le despotisme légal. Elle n'est pas de la même nature que la première : la sanction qu'impliquent les lois naturelles constitue ce que l'on pourrait appeler une garantie *intrinsèque* du système de l'ordre, institué par la sagesse divine ; la *connaissance* de ces lois naturelles est une garantie qui doit être réalisée par la société elle-même : « l'instruction publique, générale et continuelle est... la seule loi fondamentale des sociétés qui puisse être d'institution humaine » (1). C'est à ce titre que l'institution de l'instruction publique des lois de l'ordre naturel est, comme nous l'avons vu, qualifiée par Quesnay de « première loi positive » et de « règle souveraine de toute législation humaine ».

Il s'agit là, en effet, d'une garantie essentielle, en l'absence de laquelle la sanction des lois naturelles, elle-même, ne remplit plus son rôle de préservatif. Le despotisme légal ne se conçoit que « dans une nation parvenue à la connaissance évidente de l'ordre naturel et essentiel de la société ». A défaut de cette condition, tous les avantages que présente le gouvernement monarchique s'évanouissent. D'après La Rivière lui-même, « ce n'est que dans une nation parvenue à une connaissance *évidente et publique* de l'ordre naturel et essentiel des sociétés, qu'on n'a rien à craindre de l'autorité tutélaire » (2). Par contre, « dans l'état d'ignorance l'autorité est plus dangereuse dans les mains d'un seul, qu'elle ne l'est dans les mains de plusieurs » (3), car, dans cette dernière forme de gouvernement, les intérêts particuliers s'entreservent souvent de contre-poids et la mauvaise volonté peut

(1) *Précis de l'ordre légal*, p. 73.
(2) La Rivière, p. 163.
(3) La Rivière, p. 153.

trouver des oppositions pour faire le mal, comme la bonne volonté peut en trouver pour faire le bien.

La connaissance de l'ordre est nécessaire à la fois au souverain et à la nation.

Considérée en elle-même, l'autorité est une force aveugle, qui « fait le mal comme le bien, selon la direction qui lui est donnée ». Mais, si les agissements d'un souverain « égaré dans les ténèbres de l'ignorance », pour parler comme La Rivière, peuvent être néfastes, il ne saurait jamais en être de même pour un souverain instruit.

Cependant, ne faut-il pas prévoir le cas où l'autorité se trouve entre les mains d'un homme qui manque des lumières suffisantes ? L'auteur de *L'Ordre naturel* est loin de le méconnaître. Il admet même que la chose doit se présenter souvent dans une monarchie héréditaire, où les souverains peuvent être appelés au gouvernement avant que l'âge leur permette d'avoir les facultés requises pour bien gouverner. Mais il qualifie cette éventualité de « léger inconvénient », car « dans une nation qui, d'après une connaissance *évidente* et *publique* de l'ordre naturel et essentiel de la société, a donné à son gouvernement la forme *essentielle* qu'il doit avoir, les lois, qui ont pour elles la force despotique de l'évidence, veillent pour le souverain mineur et pour la nation » (1).

De toute façon donc l'opinion publique est appelée à exercer sur la conduite du souverain une action décisive : comme l'écrit Dupont de Nemours, elle peut « donner le plus grand poids à tout ce qui est utile et amortir entièrement l'effet de toutes les résolutions nuisibles », car l'autorité, qui est toute-puissante tant que ses ordonnances restent con-

(1) La Rivière, p. 155.

formes à la justice, au droit, à l'intérêt commun (1), devient affaiblie et chancelante quand elle s'écarte de ces règles « et nulle si elle les contredisait ouvertement et manifestement » (2).

A en croire le même auteur, rien ne serait plus simple que d'assurer cette garantie contre l'arbitraire : « il suffit pour cela que l'opinion publique soit *éclairée*, et il est très facile qu'elle le soit dans un Etat où l'impôt donne toutes sortes de moyens pour soutenir les établissements qui peuvent répandre l'instruction ».

Mais comment et par quelle voie s'exercera cette fonction, si importante, de l'opinion publique ? La force de l'évidence paraissait aux physiocrates tellement irrésistible qu'ils n'ont pas toujours pensé à étudier systématiquement ce problème. Aussi Tocqueville les accuse-t-il de ne soumettre l'autorité qu'au contrôle d' « une raison publique sans organes » (3).

Le reproche n'est, peut-être, pas tout à fait justifié.

Et d'abord, les physiocrates restaient fidèles à ce principe traditionnel de l'ancien droit public français, qui avait pris naissance au XIIIe siècle, à l'époque même où se dégageait le pouvoir législatif de la royauté, principe suivant lequel le roi ne pouvait pas exercer sa souveraineté sans prendre des conseils, et cela non seulement dans son entourage, mais encore auprès de ses sujets, tout au moins dans les occasions graves. Ce fut là précisément une des raisons d'être des Etats généraux, qui, depuis leur apparition, avaient eu pour

(1) Cf. TURGOT : « Votre Majesté, tant qu'elle ne s'écartera pas de la justice, peut donc se regarder comme un législateur absolu, et compter sur sa bonne nation pour l'exécution de ses ordres » (*Mémoire au Roi sur la tolérance*, *Œuvres*, t. II, p. 503, Paris, 1844).

(2) DUPONT DE NEMOURS, *De la République de Genève, et des troubles qui l'agitent* (*Ephém.*, 1770, t. Ier, p. 229).

(3) A. DE TOCQUEVILLE, *Op. cit.*, p. 240-241.

mission de donner au roi aide et conseil. Durant la longue éclipse des Etats généraux, qui s'étend de 1484 à 1560, la théorie de la nécessité de conseils pour le roi, loin de disparaître, s'était toujours maintenue et affermie. Elle a notamment été développée par Claude de Seyssel, qui écrivait dans la *Grande Monarchie de France :* « Il y a une chose principale, laquelle est plus requise que nulle autre en tout régime monarchique, c'est que le monarque ne face aucune chose par volunté désordonnée ne soudaine, ains en toutes ses actions, mesmement concernant l'estat, use de conseil, ainsi qu'ont faict tous les plus sages princes du monde en toutes choses d'importance... » (1).

Or, on retrouve la même thèse de la nécessité de conseils pour le monarque dans les écrits de Quesnay. La monarchie étant « un corps qui change continuellement de tête », l'abandonner à la tête, c'est-à-dire au monarque et à ses ministres, serait la livrer à l'inconstance la plus dangereuse. « Sa solidité doit consister dans l'équilibre des pouvoirs réels des corps de la nation... et dans le bon ordre, indépendant des vicissitudes du chef » (2). Aussi Quesnay insiste-t-il sur la nécessité ou des assemblées d'Etats, ou d' « un Conseil aulique permanent et nombreux des prudes de toutes les classes, pour la direction générale du royaume. Sans quoi, il est inutile de parler monarchie ; car autrement monarchie ne peut être qu'une folle le glaive à la main ».

En marge et dès le début du chapitre IV du *Bref état* du marquis de Mirabeau (3), chapitre consacré aux lois, Quesnay

(1) Claude de Seyssel, *Grande Monarchie de France*, ch. IV, fol. 21-22, Paris, 1558.

(2) Notes de Quesnay en marge d'un Fragment sur la noblesse, *in* G. Weulersse, *Manuscrits*, p. 27.

(3) M. 788 (n° 2) aux Archives Nationales.

inscrit cette note importante : « il est essentiel que le roi ait un Conseil permanent composé de douze ou quinze personnes choisies dans la noblesse et dans la magistrature, afin de maintenir un plan fixe de gouvernement qui puisse se soutenir contre les abus et l'administration arbitraire de l'autorité confiée, et qui dans la minorité et dans la faiblesse de la vieillesse des souverains assure la solidité et l'immutabilité du gouvernement » (1).

Si l'on veut saisir toute la portée qu'avait, dans la pensée de Quesnay, cette idée de la nécessité des organes consultatifs pour une monarchie, il faut l'envisager concurremment avec cet autre principe physiocratique qui exige, pour bien gouverner, la connaissance des lois de l'ordre. Les Conseillers ne sauraient rendre les services que l'on est en droit d'attendre d'eux tant que la nation reste ignorante des vérités fondamentales. Si d'ordinaire « les grands principes, les principes rigoureux ne pénètrent point dans les Conseils des souverains », la faute en est à l'ignorance, les ministres étant pris dans la nation. Or, la diffusion la plus large de l'instruc-

(1) Ce Conseil répond à peu de choses près au « Conseil ordinaire », tel que le concevait Claude de Seyssel : il doit être *permanent* et ne se composer que d'*un très petit nombre de personnes* (douze ou quinze d'après Quesnay, dix ou douze d'après Seyssel). Toutefois, alors que Quesnay fait choisir ces conseillers dans la noblesse et dans la magistrature, l'auteur de la *Grande Monarchie de France* voulait qu'ils fussent choisis, non pas en considération de leur naissance ou de leur situation, mais uniquement à raison de leurs capacités : « et ne doit lon à l'élection d'iceux avoir egard à haultesse de sang, à office n'a dignité. Mais tant seulemēt à la vertu, experience et preudhommie ». Il est vrai que Quesnay avait des vues très personnelles sur la noblesse et demandait notamment que les nobles fussent à la hauteur de leur tâche, car, dit-il ailleurs, « l'ignorance des grands est la sécurité des abus de l'autorité confiée ».

tion et de la connaissance des lois de l'ordre aura précisément pour conséquence de faire des conseillers du souverain les interprètes de l'opinion publique éclairée.

Celle-ci aura, d'ailleurs, des organes mieux encore appropriés à sa fonction : ce seront, d'après Quesnay, les assemblées d'Etats, « dont l'objet est le plus important du gouvernement, puisqu'il s'agit de la conservation ou du maintien des revenus du royaume, et par conséquent de la puissance et de la prospérité de l'Etat » (1).

Ce n'est pas que ces Etats provinciaux puissent empiéter en quoi que ce soit sur les droits du souverain : au contraire, ils « n'auraient d'autre institution ou d'autre constitution que la volonté souveraine ». Il s'agit simplement d' « assemblées de commissaires pour l'administration de la portion de régie qui leur serait confiée, et qui ne peut être bien connue et bien conduite que par eux ». Chacun de ces Etats provinciaux aura soin, en effet, de fonder une Société « académique » d'agriculture, dont la sphère d'activité sera assez large pour embrasser « la science du gouvernement économique de chaque province ». Ces Sociétés éclaireraient les Etats qui, à leur tour, « instruiraient le maître sur ses propres intérêts et sur ceux de la nation ». Aussi ces Etats seraient-ils investis du droit d'adresser au souverain des *représentations* : « il n'y a que les représentations appuyées des connaissances rendues publiques... qui puissent arrêter ou faire cesser les désordres du despotisme, dont notre ignorance a tant favorisé les abus depuis un siècle ». De même, les « municipalités » provinciales, telles que les proposait plus tard le marquis de Mirabeau, devaient avoir « le droit

(1) Notes de Quesnay au manuscrit de la *Réponse aux objections*, *in* G. WEULERSSE, *Manuscrits*, p. 30.

de réclamation que la tyrannie seule ou la folie, si elle pouvait être secondée, pourrait altérer dans sa substance essentielle et conforme à l'ordre naturel » (1).

Dans ses notes au manuscrit de la *Réponse aux objections contre le Mémoire sur les Etats provinciaux*, Quesnay recommandait au marquis d' « appuyer fort sur la nécessité de ces représentations ». Le docteur était persuadé que les représentations ainsi adressées au monarque suffiraient parfaitement pour faire assurer le bon ordre. Invoquant « la décadence du royaume depuis un siècle, qui est même encore ignorée du gouvernement », il ajoutait : « si le maître était averti, il y remédierait, car le dépérissement l'intéresse autant que la nation ». Du reste, dans son *Despotisme de la Chine*, Quesnay se plaît à insister sur ce fait qu' « il n'y a peut-être point de pays où l'on fasse des remontrances au souverain avec plus de liberté qu'à la Chine », l'usage de ces remontrances y étant exercé par les tribunaux et les grands mandarins (2). Dupont de Nemours laissait même entendre que le droit de réclamation devrait appartenir à tous les citoyens (3).

Les divers organes que nous venons de passer en revue ont pour mission d' « avertir » l'autorité, de la renseigner sur les intérêts du peuple et, par conséquent, sur ses propres intérêts, puisqu'il y a identité entre ceux-ci et ceux-là. Mais il faut bien reconnaître que le rôle de ces organes ne va pas au delà : ils ne sauraient prétendre à exercer un droit d'opposition ou de résistance aux volontés du souverain (4).

(1) Quatrième lettre sur la restauration de l'ordre légal (*Ephém.*, 1768, t. VI, p. 57).

(2) Quesnay, p. 607-608.

(3) *Ephém.*, 1768, t. VI, p. 214-216.

(4) Le marquis de Mirabeau le dit très nettement : le droit de ré-

Cependant, malgré toute la confiance que les physiocrates avaient dans la vertu intrinsèque du système qu'ils préconisaient, ils n'ont pas été sans comprendre la nécessité d'un contrôle plus efficace à cet égard.

Ce n'est pas seulement la minorité du souverain qui peut, comme nous l'avons vu, exposer celui-ci à des erreurs regrettables. D'une manière plus générale, La Rivière ne perd pas de vue que la puissance législative n'est pas à l'abri de surprises, « surprises d'autant plus dangereuses », avoue-t-il, « qu'elle doit seule disposer de la force publique » (1). Pour parer à de pareilles méprises, il faut « veiller sans cesse autour de l'autorité législative » (2), et c'est le pouvoir judiciaire qui sera chargé de cette fonction importante. C'est, en définitive, par l'organe de la magistrature que l'opinion publique devenue *l'évidence* pourra se manifester de la façon la plus effective : en raison même de leur état, les magistrats ne sont-ils pas appelés à être pénétrés, plus particulièrement que tous les autres membres de la société, de l'évidence répandue dans la nation ! Ne forment-ils pas, suivant l'expression de Quesnay, « le corps moral de la nation, c'est-à-dire la partie pensante du peuple » !

Autant La Rivière se montrait hostile au principe de la séparation du pouvoir exécutif et du pouvoir législatif, autant il était, au contraire, partisan d'un pouvoir judiciaire distinct et jouissant d'une pleine indépendance (3). Cette indépen-

clamation « n'implique pas le droit d'opposition » (Quatrième lettre, *Ephém.*, 1768, t. VI, p. 57).

(1) La Rivière, p. 90.

(2) La Rivière, p. 114.

(3) Il admettait, il est vrai, le recours au souverain contre les abus que les magistrats pourraient faire de leur autorité, mais ce recours ne pouvait avoir pour objet de faire réformer le jugement : le souverain, ne pouvant connaître que la forme des jugements,

dance était, sans doute, nécessaire à la magistrature pour faire respecter les droits individuels des citoyens, mais elle lui était plus indispensable encore pour remplir le rôle politique que lui assignait l'auteur de *L'Ordre naturel*.

Lorsque La Rivière écrit que les magistrats sont les dépositaires et les gardiens des lois, il n'entend point leur conférer par là un simple titre honorifique : « ce sont au contraire », dit-il explicitement, « des titres indicatifs de fonctions réelles, de *devoirs indispensables* dans le Magistrat, et dont l'institution est d'une nécessité absolue » (1). Les fonctions de la magistrature étant d'appliquer les lois, de les faire parler et agir, les magistrats sont tenus de prendre toujours la défense des lois. A côté de ce devoir par rapport aux lois existantes, les devoirs à l'égard des lois *à faire* ne sont pas moins nets : la législation positive devant, comme nous le savons déjà, être puisée dans les lois naturelles, il appartient aux magistrats de s'assurer de la justice et de la nécessité de toute loi nouvelle, c'est-à-dire de sa conformité avec les principes de l'ordre naturel. C'est, en effet, le témoignage rendu aux lois nouvelles par les magistrats ayant pour guide ces grands principes, qui apporte aux autres hommes, dont la plupart sont hors d'état de s'élever au même degré de la connaissance, la certitude de la justice et de la nécessité de ces nouvelles lois.

S'il en est ainsi lorsqu'on se borne à considérer le magistrat comme organe des lois, à plus forte raison la même obligation s'impose-t-elle pour le magistrat considéré comme juge : il ne peut, sans commettre un véritable crime, « sans

sans entrer dans l'examen du fonds, se bornerait simplement à annuler le jugement et à renvoyer la cause devant les magistrats (La Rivière, ch. xxv).

(1) La Rivière, p. 90.

se rendre coupable envers le ciel et la terre », prêter son ministère à des lois évidemment injustes (1). C'est dire qu'il ne doit juger les hommes qu'après s'être convaincu de la justice des lois. Il convient, en effet, de ne pas oublier que les magistrats sont dépositaires et gardiens non seulement des lois positives, mais encore de ces lois naturelles qui constituent *la raison primitive* des autres lois : ils doivent donc faire connaître cette *raison* au législateur toutes les fois que l' « on serait parvenu à égarer son opinion, à lui suggérer des lois contraires à ses véritables intentions, à ses propres intérêts et à ceux des autres membres de la société » (2).

Dupont de Nemours insistait avec non moins de force sur cette fonction politique de la magistrature : « Avant de juger vos frères, vous êtes strictement et religieusement obligés de juger les lois... C'est dans l'instant même où une erreur, certainement involontaire puisqu'elle est contraire à son propre intérêt, arrache au souverain une ordonnance évidemment injuste, qu'un devoir impérieux vous prescrit de lui faire remarquer en quoi cette ordonnance s'écarte des lois divines de l'ordre naturel » (3).

On a voulu voir dans ce droit de la magistrature de disposer contre toute loi nouvelle d'une sorte de « veto sus-

(1) La Rivière, p. 97 et 110.

(2) La Rivière, p. 110-111.

(3) *Physiocratie. Discours de l'éditeur*, p. LXXXII et LXXXIV. — Cette conception du rôle politique supérieur de la magistrature a soulevé de vives critiques. « Voici des magistrats », écrivait un des adversaires de la physiocratie, « bien plus puissants que leur Souverain, qui n'a que le droit de déclarer les lois, tandis qu'ils ont celui de les juger » (Beardé de l'Abbaye, *Recherches sur les moyens de supprimer les impôts, précédées de l'examen de la Nouvelle Science*, p. 148, Amsterdam, 1770).

pensif » une juridiction constitutionnelle, analogue quelque peu à celle qui est exercée par la Cour suprême aux Etats-Unis (1).

M. Güntzberg, en citant à ce sujet la thèse de M. Ameline (2), déclare quelque peu hasardée cette analogie, (3) et pour ma part, je ne vois aucun rapport entre les deux institutions.

Un rapprochement qui me paraît beaucoup plus justifié et sur lequel ont, d'ailleurs, insisté et M. Güntzberg, et M. Weulersse est cette « ressemblance singulière entre la magistrature idéale de La Rivière, le rôle qu'il lui assigne, les moyens d'action qu'il lui attribue, et les Parlements du Royaume de France, avec leurs droits d'enregistrement et de remontrances, et leurs « grèves », si fréquentes au XVIIIe siècle » (4).

(1) G. Weulersse, *Mouv. phys.*, t. II, p. 63. — M. Weulersse fait confusion en attribuant cette idée à Esmein : *La science politique des physiocrates* du regretté professeur, à laquelle il renvoie le lecteur, ne contient pas la moindre allusion à un rapprochement de ce genre. Par contre, on peut trouver cette analogie esquissée par M. Schelle (Article « Physiocrates », *in Nouveau Dictionnaire d'économie politique*, t. II. p. 483, Paris, 1892) : « il [le prince] devait d'ailleurs avoir à côté de lui, sous forme de cour souveraine, analogue à celle qui a été créée aux Etats-Unis et que de très bons esprits proposent actuellement pour la France, un pouvoir judiciaire assez fort, non seulement pour administrer la justice, mais pour vérifier la concordance des ordres du souverain avec les lois naturelles ». C'est probablement en s'inspirant de ce passage de M. Schelle que M. Ameline a écrit dans sa thèse (*Op. cit.*, p. 287) : « Les physiocrates proposent une institution analogue à ce que devait être la Cour suprême des Etats-Unis ».

(2) Voir la note précédente.

(3) B. Güntzberg, *Op. cit.*, p. 109, note 43.

(4) G. Weulersse, *Mouv. phys.*, t. II, p. 63. — Cf. B. Güntzberg, *Op. cit.*, p. 109.

CHAPITRE V

ÉLÉMENTS DE LIBÉRALISME DANS LA POLITIQUE DES PHYSIOCRATES

Le libéralisme politique des physiocrates!... Ces mots ne manqueront pas, sans doute, de choquer les idées de ceux qui, prenant trop à la lettre la terminologie physiocratique, se sont accoutumés à considérer le despotisme légal comme formant antithèse avec la théorie du *laisser faire* : par une inconséquence bizarre, Quesnay et ses disciples auraient essayé de concilier les vues les plus libérales dans le domaine économique avec l'apologie du pouvoir absolu en matière politique !

Les développements dans lesquels nous sommes entré au sujet du despotisme légal, de son véritable sens et des garanties qu'il comportait nous dispensent d'insister sur ce qu'il y a d'inexact dans cette manière de voir. Inexacte elle est, d'abord, parce que, loin de s'opposer au libéralisme économique, la partie politique du système physiocratique a été édifiée sur les mêmes principes. Inexacte elle est aussi parce que le despotisme légal était tout autre chose que l'absolutisme.

Nous avons vu, d'autre part, que les physiocrates étaient les ardents défenseurs des droits individuels, de la propriété et de la liberté (1). Il est vrai que, comme nous l'avons déjà fait remarquer, le lien même par lequel ils rattachaient la liberté au droit de propriété indique qu'ils étaient surtout préoccupés de la liberté des échanges et de la liberté du travail. Mais il n'en reste pas moins que, en revendiquant pour l'individu « le droit d'user librement de ses facultés intellectuelles et physiques » (2), ils proclamaient un principe d'une portée générale et qui devait nécessairement déborder le terrain économique.

C'est ainsi que la liberté de la presse a trouvé dans les physiocrates des défenseurs intrépides.

Le marquis de Mirabeau essayera, à la vérité, de la rattacher, elle aussi, au droit de propriété, en l'assimilant à la liberté du travail : le droit d'écrire est, pour lui, « notre propriété acquise par les avances de notre temps et de notre travail pour apprendre à écrire ; et si au lieu d'écrire je veux imprimer, c'est-à-dire crayonner plus vite et plus clair, ou si je m'arrange avec un secrétaire ou un imprimeur, dans tout cela j'use de mon droit résultant de ma propriété à laquelle on attente en me gênant sur cela » (3).

Mais La Rivière se place à un point de vue plus exact : ce qu'il veut, c'est bien la liberté la plus large de l'opinion. « Il est tellement nécessaire », déclare-t-il, « de laisser au corps entier de la société la plus grande liberté possible de l'examen et de la contradiction ; il est tellement nécessaire d'abandonner l'évidence à ses propres forces, qu'il n'est aucune

(1) Cf. Quesnay, p. 374 : « ...là où les rois et la puissance tutélaire n'assurent point la propriété et la liberté, il n'y a ni gouvernement ni société profitables, il n'y a que domination et anarchie sous les apparences d'un gouvernement ».

(2) Le Trosne, p. 41, note.

(3) *Les Devoirs*, p. 195.

autre force qui puisse les suppléer : une force physique, quelque supérieure qu'elle soit, ne peut commander qu'aux actions, et jamais aux opinions » (1). Aussi insiste-t-il sur la nécessité des « livres doctrinaux et sur la liberté qui doit régner à cet égard », cette liberté tendant par elle-même à corriger ses excès, car la contradiction est aussi avantageuse à l'évidence qu'elle est funeste à l'erreur, celle-ci n'ayant « rien tant à redouter que l'examen » (2).

Plus tard, dans son *Mémoire sur l'instruction publique*, La Rivière revient encore sur cette « autre source d'instruction, que le gouvernement doit bien se garder de fermer » et qui est la liberté de la presse : « l'évidence », s'écrie-t-il, « étant le résultat nécessaire d'un examen suffisant, ne pouvant s'établir dans nos esprits, qu'après que toutes les raisons de douter sont épuisées, il est clair qu'elle a besoin de la contradiction et de la discussion » (3). Il lui paraît simplement opportun d'assujettir chaque auteur à mettre son nom au bas de l'ouvrage qu'il fait imprimer. Et encore, « afin de ne point faire violence à la modestie qui quelquefois empêche un auteur de se nommer », La Rivière est prêt à se contenter du nom du libraire ou de l'éditeur. En principe, cependant,

(1) La Rivière, p. 57. — Il est intéressant de rapprocher de ce passage l'anecdote suivante, racontée par un des biographes de Quesnay : « Dans un temps d'agitations causées par le choc de la puissance civile et de la puissance ecclésiastique, il se trouvait chez Mme de Pompadour un homme en place qui voyant combien ces disputes fatiguaient la Cour, proposait des moyens violents et disait : *C'est la hallebarde qui mène un royaume.* M. Quesnay, surpris de cette assertion, osa lui dire : *Monsieur, et qui est-ce qui mène la hallebarde ?* On attendait, il développa sa pensée ; *c'est l'opinion, c'est donc sur l'opinion qu'il faut travailler* » (G.-H. de Romance, *Op. cit.*, p. 92, note).

(2) La Rivière, p. 56.

(3) *Nouvelles Ephémérides économiques*, 1775, t. X, p. 139-140.

il est contre l'anonymat. Si, « sous un gouvernement tyrannique, la prudence exige que les défenseurs de la raison et de la vérité gardent l'anonyme », cette conduite parmi des hommes véritablement libres « ne pourrait plus passer que pour une faiblesse, une lâcheté ». Si l'on n'oblige pas l'auteur de se faire connaître publiquement, « il peut impunément en imposer, impunément diffamer qui bon lui semble, impunément troubler les esprits, les familles, jeter le désordre dans toute la société ». Cette « police » (c'est-à-dire l'assujettissement de l'auteur à signer son ouvrage) ne saurait donc être considérée comme une atteinte à la liberté : « Est-ce que pour être libre, il faut avoir le droit de courir et le jour et la nuit, masqué de manière à n'être pas connu, afin de pouvoir, sous ce déguisement, commettre toutes sortes d'excès ? Il est vrai que la liberté consiste dans la faculté d'exécuter ses volontés, mais c'est à la charge aussi d'en être puni, quand elles sont dépravées ; et cette condition sera toujours nécessaire pour faire la sûreté de la liberté même, en empêchant les hommes d'en abuser » (1).

Il existe, dans la collection de manuscrits du marquis de Mirabeau, aux Archives Nationales, une pièce très intéressante, intitulée *Bref état des moyens pour la restauration de l'autorité du Roi et de ses finances* (2), et qui met en

(1) *Ibid.*, p. 140-142. — Le marquis de Mirabeau avait écrit dans le même sens : « comme le droit d'imprimer dérive du droit d'écrire, et celui-ci du droit de parler, on ne peut imprimer que comme l'on parle, c'est-à-dire, à visage découvert et bien connu pour être celui qui parle. Je crois donc que l'auteur doit être obligé de mettre son nom à la tête de son ouvrage, et l'éditeur, si c'est l'ouvrage d'autrui qu'on imprime ou réimprime ; je crois que l'un et l'autre doivent répondre de ce que contient l'ouvrage, devant le public, et devant les tribunaux de justice » (*Les Devoirs*, p. 197-198).

(2) M. 783, pièce n° 2.

pleine lumière l'esprit foncièrement libéral... non pas de l'Ami des hommes, mais du fondateur même de la physiocratie, car, comme un certain nombre d'autres manuscrits du marquis, le *Bref état* porte en marge des notes rédigées par Quesnay. Ces notes sont ici suffisamment étendues pour permettre de mesurer toute la profondeur de l'influence que le maître devait exercer dans ce sens sur son élève, dont la conversion était apparemment récente.

Rien n'est plus curieux que la lecture de ces pages jaunies : les notes ajoutées par le docteur viennent interrompre le texte du marquis assez fréquemment pour que cette lecture donne presque l'étrange impression d'un dialogue entre le maître et l'élève.

L'un, tout imbu encore de sentiments et de préjugés de sa caste, se montre autoritaire, tranche sur tout, cherche à réglementer la religion et les mœurs, va jusqu'à régler les détails de la livrée des valets (1), ne s'arrête devant aucune vexation. L'autre, avec mansuétude mais aussi avec fermeté, corrige les erreurs du néophyte, lui explique les inconvénients des mesures vexatoires, lui montre le danger des lois arbitraires, de celles notamment dont les objets sont vagues et indéterminés et « qui sont trop attentatoires à la liberté civile et au repos public ».

Lorsque le marquis demande que le roi mette fin à « l'indigne abus des mésalliances, qui fait le déplacement de tous

(1) « Les maîtres feront tous porter la livrée à leurs valets, et ceux qui ne voudront pas faire la dépense seront tous obligés de donner aux valets un collet rouge bien attaché ainsi qu'à leur redingote. Les livrées rouges ne pourront être sans du galon de livrée ; ainsi des livrées vertes, etc. On prohibera tout or et argent sur les habits des valets, à la réserve du bord du chapeau et des boutons d'orfèvrerie ; et la Maison royale voudra bien à cet égard donner l'exemple » (art. 7 du ch. v).

les états, l'avilissement des uns, l'insolence des autres » et qu'il ne signe plus « aucun contrat de mariage portant mésalliance », Quesnay écrit en marge : « Ceci ne sentira-t-il pas un peu trop l'affection féodale ».

Il gourmande plus sévèrement son élève, quand celui-ci exige que toutes causes scandaleuses (et par là il entend « non seulement celles qui impliquent des crimes atroces ou des saletés, mais encore les procès entre père et fils, entre mari et femme », etc.) soient plaidées à huis clos et qu'il soit défendu « d'en donner des mémoires dans le public ». Le maître insiste, au contraire, sur la nécessité de cette publicité : « L'usage des mémoires publics soumettent (*sic*) les jugements des tribunaux à l'observation des citoyens, et contribuent par là à maintenir l'équité et la dignité dans l'exercice de la justice ; combien la protection, la séduction, l'autorité auraient, peut-être, induit à l'injustice dans les grandes affaires sans l'exposition publique des contestations ». Il serait, d'ailleurs, difficile d'assigner le degré de scandale qui doit faire interdire les mémoires publics. « Il y a des désordres qu'il faut abandonner à leur infamie, pour ne pas causer de plus grands maux par une juridiction qui serait trop arbitraire... Les lois rigoureuses ne doivent porter que sur des délits déterminés et juridiquement prouvés. Autrement, l'ordre qu'on voudrait établir serait le plus grand et le plus redoutable de tous les désordres ».

Mirabeau demande (art. 11 du ch. IV) que tout avocat inscrit sur le tableau paie 600 livres de capitation s'il habite dans la capitale, et 300 si c'est dans les provinces. A quoi Quesnay fait cette objection significative par sa portée générale : « ... vexer les avocats est un acte violent, ce que le souverain doit toujours éviter... Le gouvernement doit être très attentif à tous les ménagements que prescrit le droit naturel ; autrement il tyrannise, il subvertit l'ordre public spontané ».

Mais c'est surtout en matière de tolérance religieuse que le libéralisme du fondateur de la doctrine physiocratique forme un contraste frappant avec les idées autoritaires du marquis nouvellement converti. Le chapitre II, consacré à la religion, serait à citer en entier. Bornons-nous, au moins, à en donner quelques extraits caractéristiques.

Mirabeau veut (art. 2) que le roi recommande fortement aux magistrats l'extradition de tous les livres qui soient le moins du monde atteints de soupçon d'irréligion ou d'impiété, et la punition de leurs auteurs. « Cet article », fait remarquer le docteur, « est délicat. La foi ne relève pas du magistrat, le canonique peut être abusif, la contrainte en cette partie est une inquisition, fort préjudiciable à un Etat... la liberté d'écrire a bien dissipé et bien prévenu des abus à cet égard. L'établissement des censeurs ou approbateurs de livres est le moyen le plus convenable et le moins tyrannique. Quant aux livres furtifs la politique en doit permettre et la police doit y veiller. Il y a des abus qu'on ne peut attaquer et des vérités qu'on ne peut écrire avec la permission publique du gouvernement et qui se font connaître peu à peu à l'avantage de la société. Il n'y a que les livres contre les bonnes mœurs qui doivent toujours être proscrits avec soin (1). Mais en veut-on tyranniser la science véridique, on

(1) A cette exception près, Quesnay est donc partisan de la liberté de la presse, comme en témoigne, du reste, une autre partie du même document. En effet, dans le chapitre IX (Les finances), Mirabeau commence par « ne permettre action ni discussion en matière de finance qu'à ceux qui en connaîtront bien la nature et le produit possible, quant à l'état actuel, relativement à la façon d'être nationale » ; Quesnay se refuse à admettre ce texte ambigu : « s'agit-il de régler ceux à qui l sera permis d'écrire en matière

ne pourra pas empêcher celle de nos voisins de pénétrer chez nous, et d'y combattre l'ignorance ».

Le marquis veut-il que le roi défende de travailler à ses bâtiments les dimanches et jours de fêtes (art. 3), Quesnay fait ressortir tout ce que cet article présente de trop rigoureux à l'égard des pauvres gens, et il aura soin d'y joindre ce principe d'ordre plus général : « ce qui n'est que d'institution arbitraire ne doit pas être l'objet des recherches et des rigueurs du gouvernement ».

Les exigences de Mirabeau vont jusqu'à demander (art. 4) « qu'on assigne les auberges pour donner en gras aux étrangers les jours maigres, si mieux n'aime [le Roi] qu'il n'y en ait aucune comme autrefois ». A quoi le docteur répond fort sagement : « Faire gras ou maigre intéresse peu l'État ». Il insiste, à ce propos, sur le fait que la religion du prince peut n'être pas celle de tous les sujets et que « les lois civiles en faveur du système politique de l'unité de religion exigent aujourd'hui beaucoup de circonspection ». Plus loin (en marge de l'art. 8), il ajoute : « Allier la contrainte avec la religion, c'est réunir deux contradictoires, qui s'entre-détruisent si la contrainte passe les bornes de la morale naturelle... Un royaume fixé à une religion dominante, qui est environné de puissances qui tolèrent ouvertement la diversité de religions dans leurs Etats serait rongé par la tolérance des nations voisines. Si les lois s'étendaient jusqu'à une intolérance rigoureuse, qui priverait les sujets de leur état civil, on serait tôt ou tard forcé d'abroger ces lois » (1).

de finance ? Le choix serait impossible ; pour avoir un bon livre, en quelque matière que ce soit, il faut en laisser faire beaucoup de mauvais ».

(1) Cf. Le Trosne, p. 42, note : « si la différence du culte empêche une partie des citoyens de se soumettre aux actes établis par

En marge de l'article 10, dans lequel Mirabeau demande que soient rétablies les assemblées ecclésiastiques, Quesnay, qui se méfie des anathèmes et autres « procédés turbulents et dangereux » de ces assemblées, écrit : « Comme on ne sauve point les hommes malgré eux, l'Eglise ne doit point inutilement troubler la paix intérieure de l'Etat ».

Dans sa très intéressante étude sur la correspondance du margrave de Bade avec Mirabeau et Dupont de Nemours, M. Garçon a cru pouvoir présenter le marquis en ces termes : « Certes, c'est bien un de ces hommes à l'esprit étroit et à conviction têtue qui croient tenir la vérité absolue, que ne trouble aucune objection et qui sont incapables d'apercevoir un obstacle ; mais s'adressant à un autocrate qui pourrait imposer les réformes, il ne lui conseille que de répandre la bonne doctrine. Il n'invective point ceux qui résistent, et n'entend pas qu'on les menace : il se contente de les plaindre de leur ignorance qui leur fait méconnaître leur propre intérêt » (1).

Le portrait est, en effet, fort ressemblant si l'on considère le marquis tel qu'il était pendant la période à laquelle se rapporte la correspondance en question (1769-1787). Mais se place-t-on à l'époque où fut rédigé le *Bref état*, c'est-à-dire peu après la conversion de son auteur à la physiocratie (cette conversion se produisit en 1757), on constate, au contraire, que Mirabeau était alors dévoré par une ardente soif de réglementation.

Ce n'est pas seulement « contre tout ce qui sent l'irréli-

la religion dominante, elle [l'autorité souveraine] n'est pas en droit de les y forcer, et de leur interdire le mariage auquel l'homme a droit par la nature ; mais elle doit établir pour eux une forme civile qui leur convienne ».

(1) Garçon, *Loc. cit.*, p. 116.

gion ou l'impiété » qu'il propose des mesures draconiennes. Il vise à la fois le sacré et le profane : le gouvernement doit s'appliquer non seulement à restaurer la religion, mais aussi à redresser les mœurs, et ici le marquis lance ses foudres et sur « les personnes scandaleuses par quelque éclat de luxe marqué », et sur « tous gens de théâtre » (1), et sur les filles entretenues (2), etc. Il se montre d'une sévérité que le maître juge parfois d' « outrée », en rappelant à l'élève tantôt que « les lois ont pourvu suffisamment à tout cela » (3), tantôt que « le droit naturel réclamerait contre la rigueur d'une telle police » (4).

Lorsque, après avoir parcouru ces sentences tranchantes du *Bref état*, on relit quelques-unes des lettres que Mirabeau écrivait, plus tard, à Charles-Frédéric de Bade ou à Longo, on ne peut s'empêcher de penser : *Quantum mutatus ab illo!* Oui, en vérité, on a eu raison de dire que la physiocratie avait fait de lui un autre homme. Mais, quand M. Ripert prétend que le marquis « a perdu beaucoup plus qu'il n'a gagné à sa liaison avec Quesnay et avec l'école » (5), il est permis d'en douter.

(1) « Tous gens de théâtre n'auront d'accès en justice, et seront jugés en dernier ressort dans toutes leurs actions civiles et mobilières par les gens tenant la police » (art. 9 du ch. v). — « Tout homme convaincu d'avoir fait asseoir à sa table un comédien ou chanteur ayant monté sur le théâtre ne pourra manger avec le Roi en aucune occasion » (art. 13 du ch. III).

(2) « Toute fille notoirement entretenue par tel ou tel payera 3.000 livres de capitation » (art. 7 du ch. III). — « Toute fille de joie qui aura été dans un carrosse bourgeois à elle ou à d'autres payera 500 livres d'amende à la police chaque fois » (art. 8 du ch. III).

(3) Notes en marge des art. 9 et 10 du ch. v (La police).

(4) Note en marge de l'art. 9 du ch. III (Les mœurs).

(5) H. Ripert, *Op. cit.*, p. 443.

DEUXIÈME PARTIE

CHAPITRE PREMIER

L'ÉVOLUTION DES IDÉES POLITIQUES DES PHYSIOCRATES

Les vues théoriques de Le Trosne. — Les plans de réformes de Turgot et de Le Trosne. — Les idées de Le Mercier de la Rivière à la veille de la Révolution.

Nous avons montré comment, en raison même de l'ampleur de leur conception économique, basée sur le droit naturel, les physiocrates avaient été amenés à aborder les problèmes fondamentaux du droit public. Nous avons pu suivre cette extension de la pensée physiocratique au domaine de la politique et nous convaincre que, loin de constituer dans l'ensemble du système un élément surajouté et accidentel, les idées politiques en faisaient au contraire partie intégrante.

Ce fut dans *L'Ordre naturel et essentiel des sociétés politiques* que ces idées trouvèrent leur expression la plus caractérisée et aussi la plus dogmatique. Faut-il ajouter : leur expression *définitive?* Non pas, certes : on n'arrête pas le développement d'une doctrine par le seul fait qu'on l'aura présentée sous l'apparence d'un dogme. En l'espèce, la chose eût été d'autant plus difficile que la doctrine politique des physiocrates contenait réellement certains principes féconds.

Prenez l'idée qui a été l'objet de tant de railleries, prenez cette fameuse *évidence*, dont J.-J. Rousseau disait : « Je n'ai jamais pu bien entendre ce que c'était que cette évidence qui sert de base au despotisme légal, et rien ne m'a paru moins évident que le chapitre qui traite de toutes ces évidences » (1). La force naturelle de l'*évidence*, voilà la seule et unique contre-force de l'arbitraire (2). Comment cela ? Comment cette évidence pourrait-elle triompher ? « Par la seule force qu'elle trouverait dans sa *publicité* » (3). Il s'agit donc, en définitive, de l'opinion publique, et, dès lors, les choses se présentent sous un tout autre aspect : aussitôt que l'on quitte la région de l'abstrait, on se heurte à la question de savoir par quel organe cette opinion publique pourra se manifester de manière à former une contre-force véritablement efficace.

Si La Rivière a pu, dans une certaine mesure, esquiver la difficulté, en confiant aux magistrats la fonction politique de contrôle du pouvoir législatif et en faisant ainsi de la magistrature « le lien commun entre l'Etat gouverné et l'Etat gouvernant », il n'en ouvrait pas moins la porte toute grande à d'autres tempéraments du pouvoir du monarque, lorsqu'il ajoutait : « Il ne faut pas croire cependant que les titres de dépositaires et de gardiens des lois n'appartiennent qu'aux magistrats exclusivement : le premier, le vrai dépositaire et gardien général des lois, c'est la nation elle-même à la tête de laquelle est le souverain » (4).

(1) Lettre au marquis de Mirabeau, datée du 26 juillet 1767, *in Précis de l'ordre légal*, p. 190-191.

(2) La Rivière, p. 162.

(3) La Rivière, p. 199.

(4) La Rivière, p. 92.

Et voyez, en effet, ce que sont devenues ces idées dix ans ans après la publication de *L'Ordre naturel*, sous la plume de Le Trosne, dans les discours VI et VII de son livre, *De l'Ordre social* (p. 236-300). Sans doute, là encore, toutes les contre-forces, telles qu' « on les a imaginées dans l'état d'ignorance des lois de l'ordre » sont, comme nous l'avons déjà noté, sévèrement condamnées, et le Discours VI est même intitulé : *De l'inutilité des contre-forces pour remédier au désordre social...* Mais le problème des *garanties* de l'ordre est posé d'une manière beaucoup plus aiguë et plus nette, le rôle de l'opinion publique se précise, ses moyens d'action s'élargissent.

Dans le gouvernement de l'ordre, où tous les citoyens sont instruits des lois souveraines de la justice et connaissent leurs droits et leurs devoirs, l'opinion publique devient « la contre-force la plus puissante et la plus forte barrière qui pût jamais être opposée aux prétentions mal fondées des sujets, et aux volontés arbitraires du souverain ».

On se rappelle que, en fait de ces volontés arbitraires, La Rivière envisageait surtout l'hypothèse de la minorité du souverain, tout en admettant cependant d'autres éventualités, à savoir des cas où l'on serait parvenu à égarer l'opinion du prince. Le Trosne se place à un point de vue infiniment plus large et plus concret : pour lui, malgré les lumières répandues dans la nation, l'autorité « n'est pas exempte de faiblesse et de passions » et « peut se laisser séduire par des impressions étrangères, par un intérêt mal entendu, quelquefois même par le penchant à l'arbitraire qu'inspire assez naturellement le pouvoir ».

Dans le gouvernement de l'ordre, « la moindre voie d'opposition que la nation trouverait dans sa constitution serait plus efficace que la plus grande contre-force ne peut l'être dans l'état actuel. En effet, ce ne seraient plus des tribunaux, un sénat ou une diète qui feraient valoir des prétentions litigieuses, qui disputeraient et composeraient avec le souverain : ce serait la nation entière qui réclamerait la justice clairement reconnue, et qui appuierait la résistance des tribunaux et des corps intermédiaires de tout le poids de l'opinion publique ».

Voilà donc un point nouveau ou, plus exactement, une conséquence nouvelle des mêmes principes fondamentaux : d'une part, se trouve formellement reconnue la nécessité d'*une voie d'opposition* ; d'autre part, ce ne sont plus seulement les tribunaux qui constituent « le lien commun entre l'Etat gouverné et l'Etat gouvernant » ; à côté d'eux nous voyons apparaître des *corps intermédiaires* qui, aidés et soutenus par l'opinion publique, peuvent s'opposer avec succès aux volontés arbitraires du souverain.

Le Trosne ne veut plus se fier exclusivement à ce mécanisme d'un fonctionnement peu précis qu'est la connaissance des lois de l'ordre, et dont se contentait La Rivière. Sans doute, il voit dans cette connaissance de « la vraie morale civile », perpétuée par l'instruction publique, une base solide pour l'organisation de l'Etat. Mais, à elle seule, elle ne suffit pas : « il faut que l'édifice élevé sur cette base soit protégé et maintenu par toutes les institutions politiques, propres à en assurer la stabilité... et à le mettre hors d'atteinte des insultes des passions et des entreprises de l'autorité arbitraire ». Il faut, en d'autres termes, que la nation trouve *dans sa constitution* des garanties suffisantes de l'ordre, indépendamment des qualités personnelles du souverain : le gouvernement conforme à l'ordre doit « trouver en lui-même un principe de vie capable de le maintenir et de le perpétuer ».

Ceci suppose nécessairement dans la nation « une existence politique, un véritable corps civil, doué de vie, de mouvement et d'action, une volonté commune qui ait la faculté de s'exprimer, et qui puisse énoncer son vœu, ses besoins, ses demandes ».

Seuls les despotes peuvent chercher à interdire à la nation « tout concours à la chose commune ». Agissant conformément à la fausse idée qu'ils ont de l'autorité, ils regardent celle-ci comme leur étant propre et personnelle : « ils doivent craindre de la perdre en la communiquant » et « ils n'ont garde de la communiquer à des corps permanents, encore moins de consulter la nation par des représentants, et de l'intéresser à la chose commune ». Mais les despotes ne gouvernent pas : ils donnent des ordres, et l'on ne gouverne que par des lois. Le titre le plus glorieux d'un roi doit être celui de premier citoyen. Or, « il ne peut y avoir de citoyens là où il n'y a point de cité, là où un seul est tout, et les autres rien ».

Une nation que l'on prive du droit d'exprimer ses vœux et ses besoins est une nation mutilée : Le Trosne la compare « à un homme à qui l'on interdit la parole, et à qui il ne reste que ses bras pour faire connaître et pour exiger ce qu'il demande ». Un souverain qui aspire, non pas à commander à des hommes isolés, indifférents et sans intérêt commun, mais à gouverner une véritable société, s'efforcera donc à élever son peuple à la dignité d'*un corps politique vivant et organisé.*

Telles sont les notions théoriques que Le Trosne développait en 1777 et qui, généralement, ne sont guère prises en considération lorsqu'on parle des idées politiques des physiocrates. Elles paraissent, cependant, d'autant plus intéressantes qu'elles devaient, deux ans plus tard, servir, dans une certaine mesure, de base à un vaste plan de réformes d'ordre fiscal et administratif (1), plan qui visait, entre autres choses, l'institution d'une assemblée centrale, appelée, dans la pensée de Le Trosne, à être « vraiment le représentant de la nation ».

Le Trosne avait, du reste, été précédé dans cette voie par Turgot et Dupont de Nemours.

C'est, en effet, en 1775 que semble avoir été rédigé le célèbre *Mémoire au roi, sur les Municipalités, sur la hiérarchie qu'on pourrait établir entre elles, et sur les services que le gouvernement en pourrait tirer* (2). Dans le préambule de ce Mémoire, Turgot indique que, pour gouverner la nation sans tomber dans une infinité d'erreurs, « il faudrait connaître sa situation, ses besoins, ses facultés, et même dans un assez grand détail ». Or, cela est impossible tant que la nation « n'a point de constitution ». Telle est la cause du mal et l'on ne saurait y remédier autrement que par « quelques institutions d'après lesquelles la plupart des choses qui doivent être faites, se fassent d'elles-mêmes suffisamment bien, et sans que Votre Majesté ni ses principaux serviteurs aient besoin d'être instruits que de très peu de faits particuliers, ni d'y concourir autrement que par la protection générale que vous devez à vos sujets ». A l'esprit de désunion qui amène chacun à ne s'occuper que de son intérêt particulier exclusif, il faut substituer « un esprit d'ordre et d'union qui fît concourir les forces et les moyens de votre na-

(1) Le Trosne, *De l'administration provinciale et de la réforme d l'impôt*, Basle, 1779.

(2) *Œuvres* de Turgot, t. II, p. 502-550. — D'après une note de Dupont de Nemours, toutes les idées de ce Mémoire appartiennent à Turgot, mais la rédaction « est d'une autre main », selon toute apparence de Dupont lui-même.

tion au bien commun, les rassemblât dans votre main, les rendît faciles à diriger, il faudrait imaginer un plan qui liât l'une à l'autre toutes les parties du royaume par une instruction à laquelle on ne pût se refuser, par un intérêt commun très évident, par la nécessité de connaître cet intérêt, d'en délibérer et de s'y conformer ».

Il s'agit donc, en somme, d'établir une sorte d'autonomie administrative, qui permettrait au gouvernement de ne plus être surchargé de fonctions dont il ne peut s'acquitter que très mal, et qui créerait pour ces fonctions des organes spéciaux, infiniment mieux adaptés : « Toutes les affaires intérieures relatives aux contributions, aux travaux publics, aux secours réciproques, à la charité nécessaire dans les paroisses, les élections, les provinces même, se trouveraient expédiées d'après des règles de justice inviolables et claires, par les gens qui en seraient les plus instruits, et qui, décidant de leur propre chose, n'auraient jamais à se plaindre de l'autorité ».

Ces organes devaient être formés par une chaîne de « municipalités », « au moyen de laquelle les lieux les plus reculés puissent correspondre avec Votre Majesté sans la fatiguer, l'éclairer sans l'embarrasser, faciliter l'exécution de ses ordres, et faire respecter d'autant plus son autorité en lui épargnant des erreurs et en la rendant plus souvent bienfaisante » : *municipalités villageoises et municipalités urbaines* ; puis, au second degré de l'échelle, *municipalités des arrondissements*, *des élections* ou *des districts ;* au troisième degré, *municipalités* ou *assemblées provinciales*, et, enfin, au sommet de cette « hiérarchie », la *Grande Municipalité, ou Municipalité royale, ou Municipalité générale du royaume.*

Si, à d'autres égards, on peut relever des points de divergence entre la physiocratie pure et la doctrine de Turgot (1), il est, par contre, intéressant de voir combien celui-ci reste fidèle, dans ce Mémoire, à l'enseignement de l'école tant en ce qui concerne la théorie fiscale (2) que pour le mode de recrutement de ces diverses assemblées administratives. En effet, Turgot estime qu'on ne peut légitimement accorder la voix dans les assemblées des paroisses qu'aux propriétaires de bien-fonds (3). Encore faut-il une propriété foncière « dont le revenu suffirait à l'entretien d'une famille », ce qui « suppose au moins 600 livres de revenu net en terres » (4). Il est vrai que, par une combinaison ingénieuse, Turgot ne prive pas de l'usage du droit de cité ceux dont le revenu est inférieur à ce chiffre. Celui qui n'a que 300 livres de revenu compte comme demi-citoyen ; celui qui n'a que 100 livres « ne tient la

(1) Voir sur ces divergences : H. Denis, *Histoire des systèmes économiques et socialistes*, t. Ier, p. 144 et suiv.

(2) Dans la pensée de Turgot, les municipalités paraissaient de nature à rendre possible « d'exécuter ce qui a paru chimérique jusqu'à présent, de mettre l'Etat dans une société complète, proportionnelle et visible d'intérêt avec tous les propriétaires : tellement que le revenu public ordinaire, étant une portion déterminée des revenus particuliers, s'accrût avec eux par les soins d'une bonne administration, ou diminuât comme eux si le royaume devenait mal gouverné » (*Œuvres*, t. II, p. 548).

(3) Cf. Mirabeau, *Lettres sur la législation*, t. II, p. 675 : « Ce n'est donc qu'avec les possesseurs titulaires du produit net, que le souverain est censé entrer en compte. Le souverain et les propriétaires du produit net et disponible ; voilà ce qui compose l'Etat. Tous les autres hommes vivants dans la société... n'ont aucun titre social à la manutention publique, à moins qu'ils ne l'aient personnellement reçu comme préposés du souverain ; ils n'ont aucun droit à se tenir pour chargés des véritables intérêts de l'Etat ».

(4) Pour les villes le principe est le même que pour les campagnes : seuls, les propriétaires de maisons et de terrains forment les municipalités urbaines. Mais la voix de citoyen est accordée au propriétaire d'un terrain valant 15.000 livres.

place que d'un sixième de citoyen », etc. : ce sont des *citoyens fractionnaires*, qui peuvent se réunir pour faire porter la voix, attribuée à 600 livres de revenu, par un d'entre eux. Mais, en revanche et puisqu'une voix de citoyen est accordée à chaque portion de 600 livres de revenu, celui qui aurait 1.200 livres de revenu provenant du territoire d'une paroisse porterait deux voix à son assemblée, et ainsi de suite. Ce vote *plural*, Turgot le trouve non seulement équitable, mais encore utile, car cet arrangement, « mettant le plus souvent la pluralité des voix décisives du côté de ceux qui ont reçu le plus d'éducation, rendrait les assemblées beaucoup plus raisonnables que si c'étaient les gens mal instruits et sans éducation qui prédominassent ».

Les municipalités d'arrondissement devaient se composer d'un député de chacune des municipalités du premier degré comprises dans l'arrondissement, et ainsi de suite, chaque assemblée supérieure étant formée des députés élus (toujours un par assemblée) par chacune des assemblées inférieures placées immédiatement sous elle. Toutefois, les assemblées d'arrondissement et les assemblées provinciales étaient libres de choisir leurs députés parmi leurs membres ou hors de leur sein.

Tout comme les autres organes compris dans la même hiérarchie, la Grande Municipalité, elle-même, n'avait que des attributions strictement administratives : « ce serait dans cette assemblée qu'on ferait le partage des impositions entre les diverses provinces, et qu'on arrêterait les dépenses à faire, soit pour les grands travaux publics, soit pour les secours à donner aux provinces qui auraient essuyé des calamités, ou qui proposeraient des entreprises qu'elles ne seraient pas assez opulentes pour achever ». Si cette Municipalité générale était chargée de répartir les impositions,

Turgot lui refusait cependant le vote de l'impôt : le roi gardait le libre pouvoir de déterminer le chiffre des impôts qui lui étaient nécessaires, en le déclarant ou en le faisant déclarer par son ministre des finances, à l'ouverture de l'assemblée.

C'est assez dire que la Municipalité générale — qui ne devait, du reste, siéger qu'une fois par an (les députés devaient être élus pour l'année) et seulement pendant environ six semaines — ne paraissait pas de nature à apporter une restriction au pouvoir royal. Turgot avait soin, d'ailleurs, de le déclarer expressément, sans doute afin de parer à toute susceptibilité : « ... encore une fois, ces assemblées municipales, depuis la première jusqu'à la dernière, ne seraient que des assemblées municipales, et non point des Etats. Elles pourraient éclairer, et par leur constitution même elles éclaireraient sur la répartition des impôts et sur les besoins particuliers de chaque lieu ; mais elles n'auraient nulle autorité pour s'opposer aux opérations indispensables et courageuses que la réforme de vos finances exige. Elles auraient tous les avantages des assemblées d'Etats et n'auraient aucun de leurs inconvénients, ni la confusion, ni les intrigues, ni l'esprit de corps, ni les animosités et les préjugés d'ordre à ordre ».

Au surplus, d'après Dupont de Nemours, Turgot cherchait par son plan à « donner au chef de la société une autorité d'autant plus grande, que n'étant, ne pouvant être que bienfaisante, il n'y aurait jamais ni motif, ni intérêt de la contester » (1).

Mais, si par le caractère de leurs attributions et par leur recrutement exclusif parmi les propriétaires fonciers, les

(1) Voir la note de Dupont de Nemours qui termine le Mémoire de Turgot (*Œuvres*, t. II, p. 550).

municipalités de Turgot pouvaient rappeler celles du marquis de Mirabeau ou les assemblées d'Etats telles que les concevait Quesnay, si la Municipalité générale du royaume, elle-même, n'était, comme l'a fort bien dit le professeur Esmein, qu'une sorte de « Société centrale des agriculteurs de France, obtenue par voie de sélections et élections successives, et associée par le roi à l'administration générale du royaume » (1), il n'en reste pas moins vrai qu'il y avait aussi, dans le plan de Turgot, des éléments nouveaux. L'établissement d'un réseau de municipalités superposées comportait plus d'ampleur que l'extension à toutes les provinces du régime des pays d'Etats, demandée par Mirabeau. Mais ce qui faisait surtout l'originalité de la réforme proposée par Turgot, c'était l'institution de cette Municipalité générale du royaume, véritable *assemblée nationale* (on trouve l'expression même dans le *Mémoire*, p. 538), qui « serait, écrivait le ministre au Roi, le faisceau par lequel se réuniraient sans embarras dans la main de Votre Majesté tous les fils correspondant aux points les plus reculés et les plus petits de votre royaume ».

C'est également une assemblée de cette nature que proposait Le Trosne dans son ouvrage, *De l'administration provinciale et de la réforme de l'impôt*. Et cette assemblée, qui dans sa pensée devait être « le lien et le moyen de correspondre entre le Roi et la Nation », il l'appelait *Conseil national*.

Le Conseil national, qui devait se recruter par suffrage indirect, à plusieurs degrés, différait, cependant, de la Municipalité générale de Turgot, en ce sens qu'il n'était pas une simple délégation des assemblées provinciales, renouvelable

(1) A. Esmein, « L'Assemblée Nationale proposée par les physiocrates » (*Séances et travaux de l'Académie des sciences morales et politiques*, séance du 2 juillet 1904, p. 398).

chaque année et siégeant seulement quelques semaines : il formait un corps distinct, perpétuel et, semble-t-il, permanent (1). Il devait avoir des attributions importantes en matière de contrôle des finances : « ...il sera établi, comme une loi consécutive et conséquente à la loi de l'impôt direct, que jamais l'Etat ne formera aucun emprunt. Il sera défendu au Parlement et au Conseil national d'y jamais consentir, malgré toutes lettres de jussion, sous peine de violer leur serment ; et il sera statué que les emprunts seront réputés nuls, malgré les consentements extorqués » (2).

A d'autres points de vue, pourtant, la conception de Le Trosne paraît plus étroite que celle de Turgot. Le Mémoire sur les municipalités s'inspire surtout de la nécessité de donner à la nation une constitution, qui permettrait au « vœu public » de se manifester d'une façon efficace. Le plan de Le Trosne a pour but principal la réforme fiscale dans le sens de l'établissement d'un impôt unique suivant les préceptes physiocratiques ; dans les institutions qu'il propose le caractère administratif est plus accentué ; enfin, il exige, pour l'entrée au Conseil provincial et au Conseil national, un cens d'éligibilité assez élevé.

Mais ce qui est surtout intéressant pour nous, ce sont les idées d'ordre général que Le Trosne invoque à l'appui de son plan de réformes.

« Il faut », écrit-il (3), « que toute la Nation, qui semble aujourd'hui privée de vie et d'action, qui n'a qu'une sorte d'existence passive, devienne animée et organisée dans

(1) Cf. A. Esmein, « L'assemblée Nationale proposée par les physiocrates » (*Loc. cit.*, p. 406 et 409).

(2) Le Trosne, *De l'administration provinciale et de la réforme de l'impôt*, t. II, p. 381 (éd. 1788).

(3) *Ibid.*, t. Ier, p. 534.

toutes ses parties, pour former un véritable corps social ».

« Il est de l'essence de tout corps civil, de toute société, d'exister ou par la réunion de ses membres, ou, si elle est trop nombreuse, par celle de ses Représentants. Oter à une Nation le droit d'avoir des Représentants, c'est la dissoudre, c'est la réduire à n'être plus une société civile » (1). Or, depuis que l'on a cessé de convoquer des Etats généraux, « depuis que la Nation a cessé d'être représentée, elle n'a pu avoir d'autre organe que les Cours, qui ont en quelque sorte suppléé, par leurs remontrances, au droit qu'avait la Nation de s'expliquer par elle-même, et dont elle est privée par le fait ».

Ainsi donc, aux yeux de Le Trosne, les Parlements, malgré leurs droits d'enregistrement et de remontrances, ne paraissent pas pouvoir parfaitement répondre au besoin et au droit qu'a la nation de *s'expliquer par elle-même.*

La Rivière, sans doute en sa qualité d'ancien Conseiller au Parlement, trouvait que la magistrature était tout indiquée pour parler et agir au nom de l'opinion, pour être l'interprète de l'évidence publique. Mais ce qui semblait amplement suffisant à l'auteur de *L'Ordre naturel* en 1767, ne satisfait plus du tout Le Trosne en 1779. Celui-ci consent à reconnaître que « les Cours ont rempli ce devoir avec tout le zèle que les circonstances leur ont permis ». Mais... les faits sont là pour prouver « combien ce moyen est insuffisant » et, d'ailleurs, comment pouvait-il en être autrement, puisque « les membres des Cours sont des Officiers du Prince, qui tiennent de lui leurs fonctions et leur autorité » ! Or, « pour être les représentants d'un corps quelconque », fait judicieusement remarquer Le Trosne, « il faut

(1) *Ibid.*, t. Ier, p. 540.

avoir mission de ce corps, et avoir été choisi par lui » (1).

La notion de représentation, telle qu'elle était conçue dans les projets de Turgot et de Le Trosne, était, cependant, fort loin du principe que devaient plus tard proclamer les assemblées politiques de la Révolution (2) et qui forme la base du régime représentatif moderne, dans lequel les députés représentent la nation entière. Les corps électifs que proposaient les physiocrates, n'ayant aucun caractère politique, visaient simplement la représentation des intérêts locaux : les municipalités de Turgot, « depuis la première jusqu'à la dernière » étaient appelées à éclairer le roi *sur les besoins de chaque lieu*, le premier principe de la municipalité étant « que personne ne se mêle que de ce qui l'intéresse ».

Lorsque Dupont de Nemours rédige, pour le prince héritier Carl Ludwig de Bade, une critique de la constitution

(1) Il convient, d'ailleurs, de noter qu'à l'époque où Le Trosne rédigeait l'ouvrage en question, ces idées commençaient à être assez répandues, puisque l'auteur pouvait, pour appuyer sa manière de voir, rappeler que la Cour des Aides, dans ses remontrances de 1775, avait dit : « La preuve la plus réelle que nous puissions donner à Votre Majesté de la sincérité de notre zèle, est de lui déclarer qu'il n'est pas possible que les Corps de Magistrature soient seuls auprès d'elle les interprètes de l'intérêt social ; et que les Magistrats qui depuis longtemps jouissent seuls dans le Royaume du droit de représentation, sont insuffisants pour remplir dans toute son étendue cet important ministère... Nous ne devons pas vous le dissimuler : le moyen le plus simple, le plus naturel, le plus conforme à la constitution de cette Monarchie, serait d'entendre la Nation elle-même assemblée, et de permettre des Assemblées de chaque province ; et personne ne doit avoir la lâcheté de vous tenir un autre langage ; personne ne doit vous laisser ignorer que tel est le vœu unanime de la Nation » (*Ibid.*, t. Ier, p. 541-542).

(2) Constitution de 1791, tit. III, ch. I, sect. 3, art. 7 ; Constitution de 1793, art. 29 ; Constitution de l'an III, art. 52.

d'Angleterre (1), il raille l'idée suivant laquelle les membres du parlement « ne sont plus seulement représentants du lieu qui les a députés, mais de la *Grande-Bretagne* entière ». Il reste fidèle à cette conception traditionnelle de l'ancien droit français qui a édifié la notion de la représentation sur les principes du mandat privé, les représentants devant agir conformément aux instructions nettement spécifiées de leurs commettants et étant responsables devant ceux-ci de leur conduite. Si, pour en revenir à l'Angleterre, les membres du parlement se considèrent comme les représentants de la Grande-Bretagne entière, « cette belle supposition fait qu'aucun d'eux ne se croit astreint à suivre exactement les intentions ni les instructions de ceux qui l'ont député. Il aurait à leur répondre en cas de reproche : « ce que vous m'avez dit de faire pouvait vous être utile, mais ne m'a pas paru convenable à l'intérêt de la *Grande-Bretagne*. C'est pour elle et non pour vous que j'ai parlé ».

Aussi Dupont insiste-t-il sur le caractère strictement impératif que doit présenter le mandat dont se trouve investi le député (2) : « Si vous voulez que ce parlement soit la véritable égide de votre liberté, ne vous faites pas ses esclaves ; demeurez ses maîtres... Qu'aucun de ces districts n'envoie de députés au parlement sans leur donner des instructions par écrit qui leur seront remises pour les étudier un mois avant leur départ, et qui seront communiquées en même temps à tous les autres districts du royaume par la voie de l'impression, afin que chaque district, informé des objets

(1) Knies, t. II, p. 226.

(2) Là encore, la Constitution de 1791 (art. précité) et celle de l'an III (art. 52) devaient proclamer le principe diamétralement opposé.

dont les autres s'occupent, puisse voir ce qu'il voudra changer ou ajouter à ses instructions dans une assemblée définitive où le député relira à haute voix les ordres qu'on lui aura donnés, recevra les additions ou modifications qu'on y voudra faire, et après les avoir pareillement relues à l'assemblée, écoutera l'injonction qu'on lui fera de s'y conformer, et qui les rendra obligatoires pour lui » (1).

En résumant, en 1782, le plan des municipalités de Turgot, Dupont a bien eu soin de noter que les députés devaient être « chargés d'instructions par leurs commettants » (2).

Le mémoire de Turgot fut publié en 1788, accompagné d'*Observations d'un républicain* (3), dans lesquelles on trouve la critique significative que voici : « Si M. Turgot n'a eu en vue que de réprimer les vexations des intendants, que de soustraire les sujets à leur volonté arbitraire, que de faire régner enfin la justice et l'impartialité dans la répartition de la taille et de la capitation, il remplissait son objet par ce plan de municipalités. Mais si, comme il l'annonce dans son préambule, ses vues étaient plus étendues, s'il voulait donner une constitution à la France, tirer le peuple de la léthargie et de la nullité, à laquelle il est réduit; s'il voulait enfin des Français faire des hommes et une famille de citoyens et de leur Gouvernement monarchique un bon Gouvernement, il s'est trompé ; son plan est insuffi-

(1) Knies, t. II, p. 229 et 230.

(2) *Mémoires sur la vie et les ouvrages de M. Turgot, ministre d'État*, t. II, p. 49, Philadelphie, 1782.

(3) *Des Administrations provinciales*, mémoire présenté au Roi, par feu M. Turgot, Lausanne, 1788. A la suite sont imprimées : *Observations d'un républicain sur les différents systèmes d'Administrations provinciales*, particulièrement sur ceux de MM. Turgot et Necker, et

sant » (1). Ces observations montrent bien, comme l'a justement noté le professeur Esmein, que l'opinion avait depuis longtemps dépassé les revendications formulées dans le Mémoire sur les municipalités.

Toutefois, quelque modestes que fussent ces revendications, elles n'en constituaient pas moins un acheminement vers une conception nouvelle du gouvernement dans le sens de sa « démocratisation », puisqu'elles tendaient, suivant l'expression de Le Trosne, à « élever la nation à la dignité d'un corps politique ».

Les contemporains partisans de la monarchie absolue ne s'y trompaient point. C'est ainsi que, dans un opuscule publié en 1787 (2), l'abbé Baudeau, discutant les plans de Turgot, de Dupont de Nemours et de Le Trosne, les traite d'*innovations antimonarchiques* et range Turgot parmi ceux qui s'étaient enthousiasmés des « idées absolument fausses du républicain genevois, Jean-Jacques Rousseau ». Et l'abbé continue sur le même ton acerbe : « Les éloges de cet exministre, publiés par M. de... et le sieur Du..., ses confidents, détaillent avec complaisance tous ses principes sur les petites *républiques* de paroisses pelotonnées par des confédérations de districts, de provinces et d'Etats généraux. C'est précisément en ce point qu'il s'écartait essentiellement de la doctrine des premiers et vrais disciples du docteur Quesnay et de l'ami des hommes, tous deux partisans dé-

sur le bien qu'on peut en espérer dans les Gouvernemens monarchiques.

(1) *Ibid.*, p. 150-151.

(2) Baudeau, *Idées d'un citoyen presqué sexagénaire sur l'état actuel du royaume de France, comparées à celles de sa jeunesse*, Paris, 1787. V. notamment la 3e partie, numéro IX : *Idées sur les innovations antimonarchiques, proposées aux notables*, p. 17-18.

clarés de l'état monarchique, de l'autorité des Rois, de la souveraineté patrimoniale héréditaire, à titre de primogéniture. C'est par cette raison qu'il n'a cessé, pendant son ministère, de protester qu'il *n'était point de cette école* : vérité que ces deux panégyristes ont imprimée depuis sa mort ; que tous ses amis et toutes ses amies avaient tant répétée pendant son administration, à laquelle nul des vrais économistes n'eut aucune part depuis le mois de décembre 1774, jusqu'à son renvoi » (1).

« La chimère des petites républiques unies occupa longtemps... feu M. le Tr..., Avocat du Roi au présidial d'Orléans. Le fruit de ses travaux assidus fut un volume in-8° de six cents pages, sous le titre d'*Administration provinciale*, qui contient les excellentes idées de la philosophie rurale, de la théorie de l'impôt, et des auteurs qui, de mon temps, enrichissaient les *Ephémérides* ; mais très bizarrement amalgamées avec la doctrine hétérodoxe et antimonarchique, dont les prôneurs de M. Tu... veulent faire honneur à sa mémoire.

(1) Beaucoup plus que le Mémoire sur les municipalités — et pour cause, puisque celui-ci était destiné au Roi —, certaines lettres de Turgot paraissent, en effet, témoigner des tendances qui seraient de nature à justifier ce qu'écrivait Baudeau. Il en est ainsi, par exemple, pour la lettre au docteur Price sur les Constitutions américaines (*Œuvres*, t. II, p. 805-811) qui se termine par une prière de ne pas répondre par la poste, « car votre réponse serait infailliblement ouverte dans nos bureaux, et l'on me trouverait beaucoup trop ami de la liberté pour un ministre, même pour un ministre disgracié ! » Dans une lettre à Dupont de Nemours, Turgot insiste sur la suppression du mot *tutélaire* à côté de celui d'*autorité* : il trouve que ce mot « caractérise précisément la partie honteuse du système des Economistes » (V. l'ouvrage déjà cité de Hector Denis, t. Ier, p. 145-146) : dans une autre lettre à Dupont, il écrit : « Je ne suis pas économiste parce que je ne veux pas un roi » (L. de Loménie. *Op. cit.*, t. II, p. 416).

C'est dans ce *gros livre* que le dernier Ministre et ses collaborateurs ont pris le plan d'une *innovation antimonarchique*, inutile et pernicieuse... » Baudeau s'en méfie d'autant plus que « les élections des soi-disant *représentants du peuple* ne pourraient engendrer que des brigues, des factions, des rivalités, des vengeances » et que « le caractère français les rendrait plus vives et plus tumultueuses que partout ailleurs » (1).

Et, cependant, presque à la même époque où l'intransigeant abbé fulminait ainsi contre ce qu'il appelait « la doctrine hétérodoxe et antimonarchique », Le Mercier de la Rivière, lui-même, se défaisant de ce dogmatisme étroit dont était imbu *L'Ordre naturel*, se montrait homme de son temps et « évoluait » vers des idées dont la portée dépassait de beaucoup les modestes réformes que Baudeau stigmatisait de manière si violente.

Déjà dans son Mémoire sur l'instruction publique, paru en 1775, La Rivière écrit que le pouvoir législatif « ne peut être autre chose que le Corps politique même » (2). « Ce n'est pas cependant », poursuit-il, « qu'une société ne puisse confier à un petit nombre, et même à un seul homme, le pouvoir législatif », mais tout aussitôt il ajoute cette restriction importante : « encore faut-il qu'elle ait des lois fondamentales et invariables, auxquelles par conséquent ce Législateur ne puisse absolument déroger » (3).

En 1788, La Rivière publie *Les vœux d'un Français, ou considérations sur les principaux objets dont le Roi et la Nation vont s'occuper*. On retrouve, dans cette plaquette, les mêmes préférences pour une « monarchie bien constituée,

(1) BAUDEAU, *Op. cit.*, p. 21.
(2) *Nouvelles Ephémérides économiques*, 1775, t. X, p. 115, note.
(3) *Ibid.*, p. 116, note.

par conséquent héréditaire » que l'auteur manifestait, plus de vingt ans auparavant, dans *L'Ordre naturel*, avec la même justification : dans cette forme de gouvernement, les vrais intérêts de la souveraineté « seront toujours les mêmes que les intérêts communs de la nation ; car c'est sur la prospérité générale de la nation que la souveraineté peut fonder sa grandeur et son éclat ». C'est dans cet accord parfait, dans cette identité d'intérêts que réside, comme le dit ingénument La Rivière, « le charme du gouvernement monarchique » (p. 17-18). On retrouve aussi les mêmes idées physiocratiques sur la propriété avec sa division en trois branches — propriété personnelle, propriété mobiliaire et propriété foncière — (p. 23-24) ; la même formule *propriété, liberté, sûreté*, « qui sont une espèce de trinité politique », destinée à former la base du droit public (p. 25).

Cependant, à côté de ces idées anciennes, voici aussi des principes nouveaux. L'autorité de la « puissance tutélaire », écrit l'auteur, doit toujours être absolue, mais cette déclaration ne l'empêche pas de proclamer que cette puissance « ne pourrait, sans blesser la constitution, se permettre d'employer son autorité souveraine à le faire cesser d'être un véritable corps politique » (p. 26). Et ici La Rivière va reprendre l'idée et presque la formule que nous avons déjà rencontrées dans l'*Administration provinciale* de Le Trosne : « Il est de l'essence d'un véritable corps politique, d'être un corps vivant et animé, qui jouisse de la faculté de s'occuper de ses intérêts communs, par conséquent de celle de s'assembler pour en délibérer ». « Il est, ajoute-t-il, dans la constitution d'une véritable monarchie, qu'à des époques fixes, invariables, et peu éloignées les unes des autres, la nation soit tenue de s'assembler... par des représentants choisis par elle, et chargés de ses instructions » (p. 26 et 29).

Sans doute, il n'y avait pas grand mérite à reconnaître cette vérité après que le roi lui-même, à l'ouverture du lit de justice du 8 mai 1788, avait déclaré vouloir « confier de nouveau à la nation l'exercice de ses droits légitimes » (p. 116-117, note) et que la convocation des Etats généraux était déjà annoncée. Mais il n'en est pas moins intéressant de voir comment ces idées s'allient, dans l'exposé qu'en fait La Rivière, à la doctrine physiocratique : ces assemblées périodiques sont « un moyen infaillible de mettre le monarque à l'abri de toutes les surprises qui pourraient être faites à sa religion et à ses vrais intérêts ; car, encore une fois, le monarque ne fait qu'un seul tout, qu'un seul corps avec la nation, et il est impossible que leurs intérêts soient divisés » (p. 29).

Cependant, en ce qui concerne les attributions de ces assemblées, l'auteur des *Vœux d'un Français* se montre encore assez timide. Il les détermine ainsi qu'il suit (p. 55) : « régler avec le monarque le montant et la forme des contributions, prendre connaissance de leur emploi, et éclairer le prince sur tout ce qui concerne l'intérêt commun de sa souveraineté et de ses sujets ». Pour prévenir l'objection que pourraient formuler « les ennemis communs du roi et de la nation » en prétendant que l'institution des assemblées nationales « inclinerait vers la démocratie le gouvernement monarchique », La Rivière a même soin de spécifier que « les Etats généraux ne seront jamais convoqués pour former un corps de législateurs et d'administrateurs » (p. 115). Le pouvoir législatif proprement dit, à l'exception des lois relatives à la perception et à l'emploi des deniers publics, reste donc la prérogative du monarque. Toutefois, La Rivière y apporte des restrictions importantes. La puissance législatrice du prince ne peut s'étendre sur les lois de la constitution, lois fondamentales, « déclarées invariables, et ne pouvoir être aucunement changées que du consentement de la nation » (p. 55). Quant aux autres lois, lois de l'administration, elles ne doivent jamais être contraires aux premières. Cela étant, il devient nécessaire « que, dans l'exercice de sa puissance législatrice, le monarque soit assujetti à des formes propres à éclairer sa religion, à garantir son autorité de tous les pièges qui pourraient lui être tendus » (p. 36). Ici nous voyons reparaître les idées sur le rôle politique supérieur de la magistrature que La Rivière avait développées avec tant d'insistance dans *L'Ordre naturel*. Le dépôt et la garde des lois fondamentales sont confiés à la magistrature, qui a pour mission de procéder, pour les lois nouvelles, à une vérification, afin de juger si elles n'ont rien d'incompatible avec les lois fondamentales et de refuser, le cas échéant, leur enregistrement.

Mais, sans doute sous la poussée irrésistible des événements qui se précipitaient, La Rivière devait, quelques mois après, modifier sa manière de penser.

En 1789, il fait paraître une sorte de projet ou « canevas » d'un code constitutionnel (1), qu'il dédie aux Etats généraux (2) et dans lequel on lit : « la nation est gouvernée par ses propres lois, et par un chef unique, revêtu du pou-

(1) *Essais sur les maximes et lois fondamentales de la monarchie française*, ou Canevas d'un code constitutionnel, pour servir de suite à l'ouvrage intitulé : *Les vœux d'un Français*. Par le même auteur, Paris et Versailles, 1789.

(2) « Auguste et respectable Assemblée des représentants d'une grande nation, c'est à vous qu'il appartient de perfectionner ces essais sur les lois constitutives de notre monarchie : dans l'état où je vous les présente, ils ne sont qu'un ouvrage ébauché ; mais ouvrage auquel il est important que vous mettiez la dernière main » (p. V).

voir nécessaire pour en assurer constamment l'observation ». Il explique, d'ailleurs, ce que l'on doit entendre par cette expression *ses propres lois* : « Ce sont celles qui, après avoir été délibérées par la nation assemblée, sont sanctionnées par son chef » (1).

D'autre part, La Rivière y insiste sur cette idée que les députés doivent être qualifiés de *représentants de la nation* : « Cette qualification », écrit-il, « les avertira que c'est de l'intérêt commun du roi et de la nation, et non de l'intérêt particulier de leur province seulement, qu'ils doivent s'occuper dans l'assemblée générale » (2). Les pouvoirs donnés aux députés devront les autoriser expressément à concourir, par leurs suffrages, à la formation d'un *vœu commun*, et alors même que cette autorisation serait omise dans leurs pouvoirs, « elle sera suppléée de droit, comme étant, par la nature des choses, inséparablement attachée à la qualité de représentants de la nation ». Et La Rivière fait ici (page 50, note) une critique pénétrante du système qui n'admettrait que la représentation des intérêts locaux. Il est juste d'ajouter que, dès 1767, à l'époque même où il rédigeait *L'Ordre naturel*, il avait parfaitement noté les inconvénients de cet esprit de clocher qni est inhérent au suffrage populaire : « ... le peuple proprement dit, livré à l'ignorance et aux préjugés, ne regarde jamais qu'autour de lui : chaque canton croit voir tout l'intérêt de l'Etat dans celui de son

(1) Titre I, art. 2 et note, p. 3. Il est vrai que les lois peuvent aussi être *indirectement* les expressions de la volonté commune de la nation, « quand elles émanent d'un pouvoir législatif, par elle nstitué pour la représenter à cet égard, tandis qu'elle n'est point assemblée... » (Titre IV, *Des lois*, art. 1 et 2, p. 16-18).

(2) Titre VIII, art. 10 et 11, p. 48-50.

canton ; chaque profession croit voir tout l'intérêt de l'Etat dans celui de sa profession » (1).

Du reste, le *Canevas d'un code constitutionnel* offre matière à d'autres rapprochements instructifs, qui permettent de retrouver, sous les apports des temps nouveaux, les idées physiocratiques anciennes, déjà développées dans *L'Ordre naturel*. Il en est ainsi pour la définition de la liberté, qui, comme par le passé, reste aux yeux de La Rivière « inséparable du droit de propriété » ; ce droit de propriété constitue toujours la première des lois fondamentales de la nation, « le principe, la raison primitive de toutes ses autres lois, comme de toutes les institutions qui concourent à l'organisation du corps politique » (2) ; toujours il se présente avec ses trois divisions caractéristiques, englobant ainsi la liberté (propriété personnelle). La haute magistrature, sans être associée au pouvoir législatif, a toujours pour mission le dépôt et la garde des lois et est toujours tenue « de juger de la conformité ou non-conformité que les nouvelles lois projetées par la puissance législatrice, se trouveront avoir avec les lois nationales, qu'elle ne peut ni abroger ni changer » (3), jugement duquel il résultera l'obligation absolue d'enregistrer ou de ne pas enregistrer ces nouvelles lois.

Enfin, quant aux rapports politiques avec les autres Etats, La Rivière reste fidèle à l'idéal physiocratique de pacifisme. A cet égard, le titre XV et dernier du *Canevas* résume, en quelque sorte, les principes exposés, plus de vingt ans auparavant, dans *L'Ordre naturel*. Incompatible avec « la funeste manie des conquêtes », une sage politique internationale

(1) La Rivière, p. 140.
(2) Titre I, art. 1, p. 1-2.
(3) Titre V, art. 3, p. 23.

doit viser le maintien de la paix et de la liberté du commerce extérieur. Elle sera basée sur le respect du droit de propriété qui, « dans la grande société que tous les peuples doivent former ensemble », est de nation à nation ce qu'il est de particulier à particulier dans chaque Etat. La loi naturelle « veut que dans chaque homme nous voyons un homme, et dans chaque nation, une des classes de la société générale à laquelle nous appartenons : en conséquence, pour donner plus de consistance à nos traités avec les autres nations, nous tiendrons pour une de nos maximes fondamentales, non seulement qu'ils doivent être confirmés par les états généraux et enregistrés, mais encore que la guerre ne doit être par nous déclarée, et la nation tenue d'en faire les fonds, que dans les cas prévus dans ces traités, ou lorsqu'il s'agira, soit de repousser une attaque, soit de prévenir un ennemi qui se proposerait quelque entreprise contre nos possessions ».

CHAPITRE II

LES IDÉES POLITIQUES DES PHYSIOCRATES, LA RÉVOLUTION ET LE DÉMOCRATISME

Tocqueville a soutenu que c'est surtout dans les écrits des physiocrates qu'on peut le mieux étudier le vrai naturel de la Révolution : « Toutes les institutions que la Révolution devait abolir sans retour ont été l'objet particulier de leurs attaques; aucune n'a trouvé grâce à leurs yeux. Toutes celles, au contraire, qui peuvent passer pour son œuvre propre, ont été annoncées par eux à l'avance et préconisées avec ardeur ; on en citerait à peine une seule dont le germe n'ait été déposé dans quelques-uns de leurs écrits ; on trouve en eux tout ce qu'il y a de plus substantiel en elle. Bien plus, on reconnaît déjà dans leurs livres ce tempérament révolutionnaire et démocratique que nous connaissons si bien ; ils n'ont pas seulement la haine de certains privilèges, la diversité même leur est odieuse : ils adoreraient l'égalité jusque dans la servitude » (1).

Nous avons déjà montré (p. 58) ce qu'il fallait penser de ce prétendu esprit *égalitaire* des physiocrates. Mais, à d'autres points de vue, est-il exact qu'il y ait entre la doc-

(1) A. DE TOCQUEVILLE, *Op. cit.*, p. 234.

trine physiocratique et la Révolution cette parenté étroite dont parle l'auteur de l'*Ancien régime et la Révolution* ?

De même que le reproche qu'il leur adresse d' « adorer l'égalité » reproduit une opinion assez répandue parmi les contemporains des physiocrates, de même lorsqu'il cherche à établir ce lien intime entre l'idéologie des économistes et l'œuvre accomplie par la Révolution, Tocqueville se fait, en somme, le défenseur d'une thèse qui avait cours vers la fin du XVIIIe siècle, au lendemain pour ainsi dire de la Révolution. On rendait alors les physiocrates responsables des évènements qui venaient de se dérouler, et cette opinion était assez communément admise pour engager le prince Golitzine (1), resté fidèle à la physiocratie, à réfuter ce qu'il considérait comme un « jugement inique et précipité ». Dans ce but, il publia, en 1796, un livre qui porte ce titre : *De l'esprit des économistes, ou les économistes justifiés d'avoir posé par leurs principes les bases de la Révolution française.*

Ce livre a paru à Brunswick en 1796 (2). Il est devenu aujourd'hui très rare et nous avons eu beaucoup de peine à nous le procurer : nous l'avons, en effet, vainement re-

(1) Le prince Dmitri Alexéïévitch Golitzine (c'est là la transcription exacte du nom russe, et non pas *Gallizin*, comme on l'écrit généralement) était, de 1754 à 1768, attaché à l'ambassade de Russie à Paris, mais non pas ambassadeur, comme il est dit dans le livre de Léonce de Lavergne, *les Economistes français du XVIIIe siècle* (p. 209). Ce fut sur sa recommandation que Le Mercier de la Rivière fut appelé auprès de Catherine II.

(2) Il en existe aussi, d'après le *Bücher-Lexikon* de Kayser (t. II, p. 297, Leipzig, 1834), une traduction allemande complétée par l'auteur et parue à Duisbourg en 1798, sous le titre : *Vom Geiste der Œkonomisten oder die Œkonomisten von dem Vorwurfe gerechtfertigt, dass sie durch ihre Grundsätze den Grund zur französischen Revolution gelegt haben sollen.*

cherché à la Bibliothèque Nationale de Paris, et fait rechercher à la Bibliothèque impériale publique de Saint-Pétersbourg. Nous avons fini par en découvrir un exemplaire à la Bibliothèque royale de Berlin, qui, sur notre demande, a bien voulu le prêter à la Bibliothèque Nationale (1).

Le titre, quelque peu énigmatique de cet ouvrage, peut prêter à des malentendus. C'est ainsi que, sur la foi de ce titre, M. Marcaggi a supposé que le livre du prince Golitzine pouvait justifier sa thèse sur l'origine physiocratique de la Déclaration des droits de l'homme (2). Or, rien ne saurait être plus contraire à cette idée que l'ouvrage en question. Voici, en effet, ce que l'on peut y lire dès les premières pages (p. 7-8) : « A l'époque de la Révolution de 1789, il ne restait plus que quelques élèves des premiers Economistes. Ils en avaient bien retenu le jargon, mais ils n'en imitaient pas l'honnêteté et la conduite. Ils se firent élire membres de l'assemblée nationale, de la Convention nationale, etc., dont ils embrassèrent l'esprit et les atrocités. Les horreurs auxquelles ils participèrent pendant le cours de cette monstrueuse Révolution, suffirent aux esprits légers, aux gens qui ne réfléchissent guère, pour croire qu'ils agissaient ainsi par principe systématique, et ils en conclurent que ces principes étaient la base du système des Economistes ; tandis que dans le fait, ces élèves économistes n'avaient conservé

(1) Il porte la cote Fe 2366. Après le titre, tel que nous venons de le transcrire, l'auteur est désigné ainsi : « par le Prince D... de G... ». C'est à tort que, dans la bibliographie jointe à la *Geschichte der Nationalökonomie* de M. Oncken (p. 512) et qui est due à M. Lippert, cet ouvrage est indiqué comme composé de deux volumes.

(2) « Il aurait été intéressant pour la thèse que nous soutenons de consulter cet ouvrage » (Marcaggi, *Les origines de la Déclaration des droits de l'homme de 1789.* Thèse de droit d'Aix, 1904, p. 144, note).

que le nom de leur institut primitif. Dès lors, on ne manqua pas d'envelopper dans la même proscription, et la science de la Sagesse, et la science du Gouvernement ; uniquement parce que des gens sans mérite, sans mission quelconque, avaient eu l'audace d'usurper les noms respectables de Philosophe et d'Economiste. C'est en conséquence de ce jugement inique et précipité, que j'ai résolu de rassembler ici les principes des Economistes sur les différentes branches du Gouvernement, et de donner des notions claires de l'esprit de leur système ».

Mais laissons de côté le livre du diplomate russe et voyons ce qu'il faut penser de la théorie qui attribue à la Déclaration de 1789 une origine physiocratique.

La thèse n'est pas absolument neuve. Dès 1801, Soulavie, en faisant ressortir, dans les conceptions de Turgot, la prédominance du droit naturel sur le droit positif, faisait remarquer que c'était un grand acheminement vers l'invention de *la déclaration des droits de l'homme* (1). C'est également à l'influence exercée sur les esprits par les idées de Quesnay et de ses disciples qu'attribuent la Déclaration de 1789 L. de Lavergne (2) et M. Yves Guyot (3).

(1) J.-L. Soulavie, *Mémoires historiques et politiques du règne de Louis XVI*, t. II, p. 277, Paris, 1801.

(2) « Quand vint le grand mouvement de 1789, l'Assemblée constituante commença par inscrire en tête de la *Déclaration des droits* cette phrase empruntée aux écrits de Quesnay et de ses disciples : « Le but de toute association politique est la conservation des droits naturels et imprescriptibles : ces droits sont la liberté, la propriété, la sûreté, la résistance à l'oppression » (L. de Lavergne, *Op. cit.*, p. 75).

(3) « Quand les législateurs de 89 proclamèrent la Déclaration des Droits de l'homme, ils obéissaient évidemment à l'inspiration de Quesnay : « La législation positive consiste dans la déclaration des lois naturelles constitutives de l'ordre évidemment le plus avanta-

Signalée par ces divers auteurs, l'idée de l'origine physiocratique de la Déclaration a été longuement étudiée par M. Marcaggi, qui fut amené, par l'entraînement du sujet, à formuler des conclusions trop absolues, comme il l'a, du reste, reconnu, lui-même, dans la deuxième édition de son travail (1). Il ne combat plus avec la même ardeur l'opinion soutenue par Jellinek sur l'origine américaine de la Déclaration de 1789 : « Sans doute il serait téméraire », dit-il, « d'affirmer d'une manière trop absolue que l'exemple de l'Amérique n'est pour rien dans nôtre Déclaration : il semble au contraire plus raisonnable d'admettre que les Déclarations américaines ont apparu aux Français de l'époque comme une révélation, comme un moyen commode de répandre cette connaissance publique et privée du droit naturel que réclamaient les Physiocrates ; il n'est pas déraisonnable d'admettre que l'exemple de l'Amérique ait pu augmenter la force et avancer dans une certaine mesure la réalisation d'une idée en marche chez nous depuis longtemps : mais il semble bien aussi que même sans le précédent américain cette idée eût, fatalement et par elle-même, conduit un peu plus tard les Français au point où ils sont arrivés en 1789 » (2).

Au surplus, si l'idée était en marche, c'est qu'elle répondait à une situation de fait et qu'elle s'inspirait surtout de la lutte contre l'arbitraire de l'absolutisme. Suivant la remarque

geux possible aux hommes réunis en société » (Yves Guyot. *Op. cit.*, p. XLI).

(1) « Notre conclusion, il est vrai, n'a pas changé, tout au moins dans ses grandes lignes, mais elle a perdu le caractère trop absolu que lui avait presque nécessairement inspiré la nature du premier travail » (Marcaggi, *Les origines de la Déclaration...* 2e éd., p. VI, Paris, 1912).

(2) *Ibid.*. p. 223-224.

très juste qu'a faite M. Roger Picard en analysant la 2e édition de la monographie de M. Marcaggi, la Déclaration a ses racines, comme la Révolution elle-même, non seulement dans l'idéologie du XVIIIe siècle, mais aussi et surtout dans les faits économiques et sociaux de cette époque (1).

Au point de vue idéologique d'ailleurs, la Déclaration est une résultante dans laquelle il n'est pas toujours aisé d'assigner la part qui revient à telle ou telle autre influence doctrinale. Mais il est, en tout cas, facile de s'assurer que, à côté des principes qui lui sont communs avec la doctrine physiocratique, la Déclaration contient d'autres éléments complètement étrangers à cette doctrine. Il en est ainsi non seulement pour l'ensemble de la Déclaration, mais même pour cet article 2 que l'on tend à considérer comme la preuve la plus décisive de l'influence physiocratique. Et, de fait, lorsque cet article proclame que « le but de toute association politique est la conservation des droits naturels et imprescriptibles de l'homme : ces droits sont la liberté, la propriété, la sûreté », il semble reproduire une des formules de La Rivière, mais... à cette « trinité politique », comme l'appelait l'auteur de *L'Ordre naturel*, la Déclaration ajoute : « et la résistance à l'oppression ». Or, cette addition est, au contraire, loin de porter le cachet physiocratique, car nulle part les physiocrates ne reconnaissent à l'individu un pareil droit. Voici, en effet, ce qu'on lit à ce sujet dans le *Corps de doctrine du censeur actuel des Ephémérides du citoyen* : « Quel procès peut-on faire à des philosophes qui... répètent à tous ceux qu'ils instruisent : « Comme hommes, vous avez des droits, et le souverain en est le protecteur ; les défendre, voilà son devoir ; lui obéir, voilà le vôtre. Vous n'avez pas le droit

(1) *Revue d'histoire des doctrines économiques et sociales*, 1913, n° 1, p. 114-116.

de résister... » (1). Cela est tellement vrai que, sous la Révolution même, leur disciple Condorcet exhortait ses concitoyens à obéir scrupuleusement aux lois même injustes et à s'abstenir de toute violence (2).

Si M. Marcaggi avait consulté le *Canevas d'un code constitutionnel* de La Rivière, il aurait pu faire, à l'appui de sa thèse, quelques autres rapprochements, qui ne sont pas dépourvus d'intérêt :

« CANEVAS »	« DÉCLARATION »
La nation... ne peut reconnaître pour ses propres lois que celles qui sont... les expressions de ses volontés communes (Titre IV, art. I).	La loi est l'expression de la volonté générale (art. 6).
Aucun particulier ne pourra... être inquiété pour raison de sa croyance (Titre XIII, art. II).	Nul ne doit être inquiété pour ses opinions, même religieuses (art. 10).
Qu'aucun particulier ne soit donc ni dépouillé de ses propriétés, ni privé de la liberté d'en jouir, que dans les cas prévus par les lois, et suivant les formalités prescrites par les lois (Titre III, art. II).	Les propriétés étant un droit inviolable et sacré, nul ne peut en être privé, si ce n'est lorsque la nécessité publique, légalement constatée, l'exige évidemment et sous la condition d'une juste et préalable indemnité (art. 17).

Sans doute, il convient d'autant moins d'exagérer la portée de ces analogies que le *Canevas d'un code constitutionnel* fut vraisemblablement rédigé peu avant la réunion des Etats généraux, lorsque, comme le montre du reste M. Mar-

(1) *Ephém.*, 1770, t. Ier, p. 270.
(2) Cf. Léon Cahen, *Condorcet et la Révolution française*, p. 546 (Thèse de la Faculté des lettres de Paris, 1904).

caggi, des formules de ce genre étaient inscrites dans nombre de cahiers.

Au surplus, même à propos de l'article 2 de la Déclaration, dont le texte pourrait paraître emprunté à des écrits physiocratiques de beaucoup antérieurs à 1789, M. Güntzberg écrit que l'on aurait tort de vouloir résoudre la question des origines de la Déclaration en se basant sur la ressemblance entre la rédaction de son texte et le langage des physiocrates : pour lui, cette analogie serait une simple conséquence du développement des théories du droit naturel, développement ayant contribué à former une terminologie universellement répandue au XVIIIe siècle, tant en Europe qu'en Amérique (1). Il n'en reste pas moins vrai que les écrits des physiocrates ont puissamment contribué à répandre la connaissance du droit naturel.

Ne fût-ce qu'à ce point de vue, on ne saurait donc contester leur influence sur la Déclaration. Mais, à force de vouloir établir le « rôle prépondérant » de l'école physiocratique, M. Marcaggi ne se montre pas toujours assez circonspect dans le choix de ses arguments (2).

Il est bien obligé de reconnaître que la liberté individuelle était, pour les physiocrates, surtout la liberté du travail. Mais il croit pouvoir ajouter : « Quoi d'étonnant si ceux-ci négligent un peu les déductions pour ainsi dire purement philosophiques de leur doctrine : n'ont-ils pas parmi leurs contemporains des hommes de génie qui ont pris à cœur de les suppléer dans cette tâche. C'était en effet l'époque où Voltaire

(1) B. Güntzberg, *Op. cit.*, p. 143.

(2) C'est ainsi qu'il rappelle, pour justifier sa thèse, les lettres de Turgot sur la tolérance, en oubliant que ces lettres ont été écrites en 1753-1754 et qu'elles sont, par conséquent, antérieures au mouvement physiocratique, dont le début date seulement de 1756.

et les Encyclopédistes se faisaient les apôtres de la liberté sous toutes ses formes. Les Physiocrates pouvaient donc, dans une certaine mesure, se tenir à l'écart du domaine philosophique puisque les Philosophes proprement dits, d'un ton résolument agressif, battaient en brèche les vieux préjugés et les vieilles institutions » (1). J'avoue ne pas comprendre cette sorte de division tacite du travail que suppose M. Marcaggi et qui aurait permis aux physiocrates de s'en remettre à d'autres du soin de développer les conséquences politiques de leur doctrine.

Mais voici un autre argument sur lequel croit pouvoir s'appuyer M. Marcaggi. « Tout concourt, d'ailleurs », écrit-il, « à mettre en pleine lumière le rôle des Physiocrates puisqu'il appartenait, comme nous le verrons, au fils du précurseur de Quesnay, à Mirabeau, d'être le principal rédacteur de la Déclaration de 1789 » (2). M. Marcaggi reconnaît, il est vrai, qu'ici, moins que partout ailleurs, on ne saurait conclure des idées du père à celles du fils, mais il estime que le comte de Mirabeau a, dans une large mesure, subi l'influence de son père.

Eh bien ! Il est vraiment regrettable que M. Marcaggi n'ait pas eu connaissance de la critique de la Déclaration des droits de Virginie, rédigée par le marquis de Mirabeau.

Quoique incomplet, ce document montre combien les idées de la liberté politique et de la souveraineté nationale étaient étrangères à son auteur. A propos de l'article Ier de la Déclaration, il écrit : « Je demande si ce n'est pas se dévoyer dès le début... que de dire *tous les hommes naissent également libres et indépendants* » (3). L'article 2, qui proclame le prin-

(1) MARCAGGI, 2e éd., p. 142-143.
(2) MARCAGGI, p. 166.
(3) Dans une lettre à son frère, le bailli, datée du 26 avril 1788

cipe de la souveraineté du peuple, provoque, de la part du marquis, une critique plus vive encore. « *Toute autorité appartient au peuple, et par conséquent émane de lui*, Mais qui est le peuple ? Est-ce un, deux, trois ou dix mille, ou tous ensemble, ce qui serait difficile si l'axiome *tot capita tot sensus* est vrai ? » A ce principe fondamental de la démocratie, dont le sens lui paraît complètement échapper, le marquis oppose la pure doctrine physiocratique, suivant laquelle, l'ordre social étant une émanation de l'ordre naturel, l'assujettissement de l'homme à cet ordre social est une loi impérieuse, dont toute l'autorité réside dans l'ordre naturel lui-même, « et personne ne peut se l'attribuer comme en étant la source et l'origine, sans une erreur attentatoire aux droits de l'éternel ». L'autorité appartient tout entière à la justice ; elle n'a jamais résidé dans l'homme, qui se sent dominé par les lois naturelles.

Loin de constituer une entité, l'autorité est conditionnée par le *but* auquel répond la formation de l'Etat, car celui-ci ne représente qu'un *moyen* adopté par les hommes « pour le succès commun de leurs travaux et pour la sûreté de leurs jouissances », de sorte que « les hommes ne s'astreignent à des conventions qui deviennent entre eux *des lois* qu'en proportion de ce qu'ils acquièrent et prisent des biens dont ils veulent s'assurer la propriété », et ce n'est qu'avec l'apparition de la propriété foncière qu'ils éprouvent le besoin d'un gouvernement régulier.

D'après Mirabeau, les physiocrates n'ont cessé d'appeler « les petits comme les grands » à la connaissance des lois

(*Correspondant*, 25 février 1913, p. 697-698), le marquis, à propos d'un livre, *Recherches sur les Américains*, parle avec un certain dédain de « cette célèbre *exposition des droits de l'homme* » et de « leur chimère de liberté ».

simples et immuables de l'ordre ; ils ont dit que l'opinion était au fond la puissance dominante entre les hommes, « mais ils se sont bien gardés de dire que *toute autorité appartient au peuple et par conséquent émane de lui*, car ils auraient cru dire mal ».

Ainsi donc, l'analyse de ces *Observations sur la Déclaration des droits du bon peuple de Virginie* confirme pleinement la distinction qu'avait cru devoir faire le professeur Esmein dans son discours sur la Science politique des physiocrates. Après avoir cité un passage du livre de Le Trosne (*De l'Ordre social*, p. 272), témoignant que les physiocrates se rencontraient avec leurs adversaires, les philosophes politiques, en ce qu'ils demandaient une déclaration des droits de l'homme, le regretté savant ajoutait : « Il est vrai que si c'était là une déclaration *des droits de l'homme*, ce n'était pas une déclaration *des droits du citoyen* » (1).

Ce que nous venons de dire suffirait pour montrer combien Tocqueville a inexactement jugé les physiocrates en écrivant que « cette forme particulière de la tyrannie, qu'on nomme le despotisme démocratique, dont le Moyen Age n'avait pas eu l'idée, leur est déjà familière » (2). Mais on peut en trouver nombre d'autres preuves encore, car les physiocrates ne se sont pas fait faute de critiquer toute forme démocratique de gouvernement.

Lorsque, dans le *Despotisme de la Chine*, Quesnay étudie la « diversité des gouvernements imaginés par les hommes », il déclare sans ambages que l'autorité « ne doit pas être démocratique, parce que l'ignorance et les préjugés qui dominent dans le bas peuple, les passions effrénées et les

(1) A. Esmein, *Op. cit.*, p. 17-18.
(2) A. de Tocqueville, *Op. cit.*, p. 240.

fureurs passagères dont il est susceptible, exposent l'Etat à des tumultes, à des révoltes et à des désastres horribles ». Il ne veut pas plus de la démocratie pure que d'un gouvernement mixte, où l'autorité risquerait d'être « dévoyée et troublée par les intérêts particuliers exclusifs des différents ordres de citoyens qui la partageraient avec le monarque » (1). Le Trosne ira jusqu'à considérer une démocratie parfaite, où « les membres sont en même temps portion du souverain », comme « un être monstrueux qui implique contradiction, et qui ne présente que l'anarchie » (2). Nous avons déjà montré, dans le chapitre précédent, combien La Rivière se méfiait de l'étroitesse de vues dont s'inspire souvent le suffrage populaire, qui « ne regarde jamais qu'autour de lui ». L'auteur de *L'Ordre naturel* tenait le peuple pour incapable « d'agir par principe et par mesure : toujours crédule et susceptible de prévention, pour le persuader il faut le gagner, pratiquer auprès de lui les mêmes insinuations comme pour le séduire ; par cette raison toujours inconstant et orageux, ses résolutions indélibérées ne sont jamais que le produit de la sensation du moment » (3).

Cette méfiance à l'égard du peuple, cette conviction que la démocratie aboutit par une pente fatale à la démagogie devaient laisser une empreinte indélébile sur tous ceux qui se sont abreuvés de science physiocratique, et lorsque, dans les *Lettres d'un bourgeois de New-Haven*, Condorcet écrit : « Si vous donnez voix égale à tous les citoyens, pauvres ou riches, l'influence des riches y sera plus grande que dans une assemblée moins nombreuse, où les votants de droit, ayant une fortune médiocre sans être pauvres, la contre-balance-

(1) Quesnay, p. 638.
(2) Le Trosne, p. 243.
(3) La Rivière, p. 140.

ront davantage » (1), il ne fait que raisonner en fidèle disciple des physiocrates (2).

Se ralliant à l'opinion soutenue par Tocqueville, M. Ripert croit pouvoir négliger les textes que l'on pourrait opposer à cette thèse. « Il ne s'agit pas tant », écrit-il, « de savoir ce que les physiocrates ont dit que ce qu'ils ont voulu dire ». D'après cet auteur (3), ce qui importe dans la conception physiocratique, c'est l'idée d'unité de pouvoir. Mais, si les physiocrates auraient volontiers confié ce pouvoir à un seul homme, parce qu'ils considéraient les assemblées politiques comme offrant trop de prise à la diversité, il est vraisemblable aussi « qu'ils se seraient contentés tout aussi bien d'un comité, d'une agence collective peu nombreuse, qui aurait assuré le respect de l'intérêt social ». Il est à peine besoin de faire remarquer combien cette supposition est contraire non seulement à la lettre, mais encore à l'esprit de la doctrine physiocratique, telle qu'elle a été exposée dans *L'Ordre naturel* par exemple.

Il me semble qu'il y a aussi une grande part d'exagération dans les rapprochements que M. Ripert cherche à établir entre les physiocrates et les hommes de la Révolution.

Parmi les traits communs aux uns et aux autres, il signale « un mépris aveugle pour le passé et pour toutes les institutions qui ne s'accordent pas avec leur système... Ainsi se manifeste déjà [chez les physiocrates] cet esprit intransigeant et absolu, qui devait être celui de la Révolution et qui devait pousser les hommes de 93 à faire table rase des sou-

(1) Condorcet, Lettres d'un bourgeois de New-Haven à un citoyen de Virginie sur l'inutilité de partager le pouvoir législatif entre plusieurs corps (*Œuvres*, t. IX, p. 12, Paris, 1847).

(2) Cf. L. Cahen, *Op. cit.*, p. 33.

(3) H. Ripert, *Op. cit.*, p. 394 et suiv.

venirs et des institutions du passé pour rebâtir la société conformément à leur idéal, et à vouloir effacer jusqu'aux anciennes divisions chronologiques ».

Que les physiocrates aient été animés d'une foi inébranlable dans leur système, le fait est certain. Mais il n'est pas exact de dire que, de parti pris, ils aient manifesté un mépris aveugle pour le passé. Tant s'en faut. Non seulement la théorie qui faisait du droit de propriété la base de l'ordre politique avait des racines profondes dans le passé, mais les physiocrates avaient même gardé quelque chose de ces principes de gouvernement paternel, de cette sereine confiance en la personne du monarque qui était la caractéristique de la conception gouvernementale de l'ancienne monarchie française, et c'est précisément cette confiance qui inspirait, dans une certaine mesure, leur politique (1). Nous avons vu qu'ils s'étaient assimilé certaines doctrines traditionnelles du droit public français, comme celle du droit de remontrances et celle de la nécessité de conseils pour le monarque. Il convient aussi de noter que les plans de Turgot et de Le Trosne supposent une collaboration constante des ministres avec l'assemblée nationale (2). Or, c'était là une idée à laquelle

(1) Voir ce qu'écrivait Dupont de Nemours sur Le Mercier de la Rivière et sur l'abbé Baudeau : « Jugeant qu'il serait plus aisé de persuader un prince qu'une nation, qu'on établirait plus vite la liberté du commerce et du travail, ainsi que les vrais principes des contributions publiques, par l'autorité des souverains que par les progrès de la raison, ils ont peut-être un peu trop accordé au *pouvoir absolu* » (dans les *Œuvres* de Turgot, t. Ier, p. 260).

(2) « Tous Vos ministres », écrit Turgot au roi, « y auraient l'une et l'autre [séance et voix], et Votre Majesté pourrait honorer quelquefois l'assemblée de sa présence, assister aux délibérations, ou déclarer sa volonté » (*Œuvres*, t. II, p. 540). De même, pour ce qui est du Conseil national proposé par le Trosne, cet auteur écrit :

l'esprit de la Révolution devait se montrer tout à fait contraire et rien n'est plus instructif à cet égard que la critique formulée par le *républicain*, dont les *Observations* accompagnent le Mémoire de Turgot dans l'édition de 1788 : « M. Turgot donnait, dans son plan, séance et voix aux ministres. C'était un moyen d'ôter à l'assemblée la liberté et d'y introduire la corruption. Aux âmes libres, les ministres montreraient des lettres de cachet ; aux âmes corrompues, de l'or, des pensions, des dignités ; et qui résisterait à ces arguments ? Non, non, il ne faut dans les assemblées du peuple aucun représentant de l'autorité » (1).

D'autre part, Le Trosne écrit : « Plus on étudie la constitution de la monarchie française, plus on reconnaît que le fond en est très bon en lui-même, et qu'il présente toutes les facilités possibles pour admettre le gouvernement de l'ordre ». Et lorsque, à la veille de la convocation des Etats généraux, La Rivière publiera *Les vœux d'un Français*, c'est par des « observations sommaires sur les deux premières races de nos rois » qu'il cherchera à éclairer les principes constitutifs du gouvernement monarchique, en s'efforçant de démontrer que le droit de propriété et la liberté formaient, dans le passé, le droit public et commun de la nation et que l'autorité du roi était absolue sans être arbitraire (2).

« Lorsque le roi ne s'y trouvera pas, le Conseil sera présidé par le Ministre des Finances, dont les fonctions, qui sont toutes d'administration, ont un rapport continuel et nécessaire avec celles du Conseil. Mais les autres ministres auront aussi des rapports avec lui. Ils pourront donc y venir aussi et ce Conseil pourra s'adresser à eux toutes les fois qu'il sera nécessaire ; il pourra aussi nommer de ses membres pour conférer et traiter avec eux » (*De l'administration provinciale*, t. I, p. 572).

(1) *Op. cit.*, p. 167.

(2) « Elle se bornait à faire exécuter les lois et les autres résolu-

De même, il me paraît difficile de souscrire à l'opinion de M. Ripert, lorsqu'il aperçoit chez les physiocrates « ce tempérament révolutionnaire des hommes de 1793, qui devait pousser la Convention à concentrer en elle tous les pouvoirs pour imposer à la nation ses conceptions et sa manière de voir, et dresser des échafauds pour les dissidents... ! » (1).

Les physiocrates avaient si peu le tempérament révolutionnaire que, même en face de la Révolution, lorsque ce tempérament aurait dû se manifester de la façon la plus nette, leur disciple Condorcet, qui prit une part si active aux événements de 1789, jugeait cependant « qu'il n'était ni juste, ni sage d'imposer à un peuple une forme politique trop supérieure à sa mentalité » (2). Son dessein persistant, écrit M. Léon Cahen, était de permettre à l'évolution de s'accomplir pacifiquement. Le titre même de la *Société des Amis de la paix*, qu'il fonda pour unir tous les hommes d'ordre, la devise de ce groupement (évolution pacifique vers une liberté toujours croissante) sont, à cet égard, vraiment significatifs. Notons aussi que cette société comptait, parmi ses adhérents, Dupont de Nemours.

Si l'on considère, d'autre part, la lenteur de l'évolution des idées politiques des physiocrates vers une orientation nouvelle, et le caractère modeste des revendications formulées par les plus radicaux d'entre eux, on est obligé de re-

tions qui avaient été délibérées dans les assemblées nationales, par le monarque et la nation. De ces délibérations résultait un vœu général, une sorte de volonté commune, qui devenait la loi du royaume par la sanction que le roi lui donnait » (*Vœux d'un Français...* Titre X, p. 59).

(1) Rappelons que Tocqueville, lui aussi, reconnaissait aux physiocrates un tempérament révolutionnaire et démocratique (Voir le passage cité au début de ce chapitre).

(2) L. CAHEN, *Op. cit.*, p. 544.

connaître que le *tempérament* révolutionnaire leur faisait complètement défaut. Et cela est d'autant plus marqué que la doctrine physiocratique renfermait, à l'état latent, des germes révolutionnaires. Il y avait d'abord les restrictions qu'apporte nécessairement à l'idée monarchique toute théorie des droits naturels (1). Mais il y avait aussi des éléments de cet ordre, qui étaient propres à la doctrine elle-même. Il suffit de rappeler, à cet égard, cette sorte de souveraineté que les physiocrates reconnaissaient à l'opinion publique et surtout la base économique sur laquelle ils édifiaient l'Etat, assignant ainsi à l'organisation politique un rôle purement utilitaire, conception qui était de nature à autoriser toutes les hardiesses. Et, de fait, trente ans avant le jour où Robespierre s'avisa, au grand scandale de l'Assemblée constituante, d'appeler le roi « commis de la nation », Mirabeau dans sa *Théorie de l'impôt* écrivait familièrement en s'adressant au souverain : « Cependant (passez-moi le terme, puisque la chose est de fait) vous êtes le premier des employés de votre Etat. Tout votre temps et tous vos travaux sont engagés au public, et tandis que tous, ou presque tous, peuvent le servir en vaquant à leur chose particulière, qui a toujours un attrait plus sensible pour nous, vous seul ne pouvez vous détourner un instant de l'objet auquel vous êtes voué, à savoir *l'intérêt public*, que vous ne lui fassiez un tort et un vol manifeste » (2).

(1) « La souveraineté et les rois », écrit Quesnay, « ne sont pas la même chose. Dans bien des royaumes, les rois n'y ont qu'une portion de souveraineté, et partout la souveraineté doit être telle qu'elle était dans la nation avant que la nation s'en soit démise » (Notes au manuscrit de la *Théorie de l'impôt*, *in* G. WEULERSSE, *Manuscrits*, p. 53).

(2) *Théorie de l'impôt*, p. 48-49.

Enfin, si les physiocrates, comme nous l'avons vu, condamnaient toutes les applications de l'idée de la souveraineté nationale, on n'en trouve pas moins dans leurs écrits des aspirations généreuses, des tendances que l'on pourrait qualifier de démocratiques et qui, en tout cas, annoncent un esprit nouveau. Ecoutez le marquis de Mirabeau : « C'est une impiété à nous d'abandonner à l'ignorance forcée aucun de nos frères... Si je vous parais, Monseigneur, étendre bien loin l'instruction purement populaire, c'est que je suis intimement convaincu, qu'il peut et doit se trouver parmi le peuple et d'entre les plus basses classes de ces génies privilégiés qui, par leur émulation, leur justesse et leur étendue, peuvent devenir des hommes très utiles dans les premiers emplois de la société » (1). L'homme qui, en plein ancien régime, près de vingt ans avant la Déclaration des droits, adressait cet éloquent appel en faveur de l'égale admissibilité de tous les citoyens aux fonctions publiques, sans autres distinctions que leurs vertus et leurs talents, l'homme qui revendiquait ainsi pour les plus basses classes de la société le droit à l'instruction, était un ancien féodal, qui, avant sa conversion à la doctrine de Quesnay, avait été imbu de vieux préjugés nobiliaires : ce fut la physiocratie qui accomplit le miracle d'en faire, sur un point tout au moins, un précurseur de la Révolution !

(1) Kniss, t. Ier, p. 24 et 26.

CHAPITRE III

CONCLUSIONS :
LA VALEUR DE LA SCIENCE POLITIQUE DES PHYSIOCRATES ; LEURS ILLUSIONS ET LES DÉFAUTS DE LEUR MÉTHODE

Si la Révolution a fait triompher les idées de la souveraineté nationale, du gouvernement représentatif, de la séparation des pouvoirs, c'est-à-dire précisément les principes des adversaires politiques de l'école de Quesnay, la pratique, qui se charge de mettre tout au point, a cependant montré que, à certains égards tout au moins, les physiocrates avaient eu une vision assez juste des choses.

Critiquant la théorie de la séparation des pouvoirs (1), Le Mercier de la Rivière concluait que « quelques tournures, quelques modifications qu'on veuille donner à un tel système, il arrivera *nécessairement* que ces deux autorités se réuniront, et se confondront dans une seule ; que la puissance législatrice deviendra puissance exécutrice, ou que la puissance exécutrice deviendra puissance législatrice » (2). Ce raisonnement devait d'autant plus indigner les partisans de la liberté politique que, fidèles à la doctrine de Montes-

(1) Voir plus haut, p. 97.
(2) La Rivière, p. 103.

quieu, ils considéraient le principe de la séparation des pouvoirs comme la condition essentielle de cette liberté.

Dans une analyse pénétrante des doctrines politiques du XVIIIe siècle, M. Maxime Kovalevsky (1) a établi que le véritable sens de la liberté politique, telle que l'avait réalisée l'Angleterre, échappait complètement aux hommes de 1789 : partisans et adversaires de la constitution anglaise ne voyaient également dans celle-ci que la séparation des pouvoirs et l'équilibre politique qui devait en résulter ; ils n'avaient point saisi le fait de prééminence du pouvoir législatif et l'importance du contrôle efficace que celui-ci pouvait exercer sur la politique du gouvernement par le mécanisme du régime parlementaire. Moins on comprenait la signification de ces particularités de la vie politique de l'Angleterre et plus on était enclin à exagérer le rôle de la séparation des pouvoirs.

De nos jours, la séparation des pouvoirs n'est plus considérée comme un dogme. Suivant l'expression de notre maître, M. le professeur Larnaude, elle « n'est qu'une *formule*, et on ne gouverne pas avec des formules » (2). Aussi le professeur Esmein a-t-il pu dire que l'expérience a, dans une certaine mesure, donné raison à La Rivière : « Dans un grand pays où la Constitution a voulu établir la séparation tranchée des deux pouvoirs, aux Etats-Unis, la pratique est arrivée à l'atténuer largement » (3), et il citait le livre d' « un remarquable publiciste », M. Woodrow Wilson (4), le pré-

(1) Maxime Kovalevsky, *Op. cit.*, 2e éd., t. Ier, p. 264 et suiv.

(2) F. Larnaude, La séparation des pouvoirs et la justice en France et aux Etats-Unis. Communication faite, le 24 septembre 1904, au Congrès de Droit constitutionnel de Saint-Louis (*Revue des Idées*, 15 mai 1905).

(3) A. Esmein, *La science politique des physiocrates*, p. 13.

(4) Woodrow Wilson, *Constitutional government in the United States*, New-York, 1911.

sident actuel des Etats-Unis, établissant « que la séparation figure simplement dans la *théorie littéraire* de la Constitution, et qu'en fait le Congrès gouverne aussi bien qu'il légifère ».

On pourrait encore ajouter, avec le regretté maître, que les physiocrates « font une critique, parfois assez pénétrante, des défauts naturels aux assemblées nombreuses et délibérantes, et des dangers que présente tout régime électoral et spécialement le suffrage populaire. Ils ont bien décrit aussi les luttes implacables des partis et le despotisme possible de la souveraineté nationale » (1).

Dans un ordre d'idées plus générales, il convient de faire ressortir toute la valeur de ce principe fécond que l'on trouve à la base même de la doctrine politique des physiocrates, et qui consiste à représenter l'Etat comme répondant, quant à ses origines tout au moins, à des besoins économiques. Sans doute, à l'heure actuelle, lorsque l'activité de l'Etat tend constamment à s'accroître et à se manifester sous des formes infiniment variées, la conception physiocratique peut paraître étroite. Mais ce qu'il importe de retenir, c'est le caractère foncièrement réaliste que revêt chez les physiocrates la notion de l'Etat : il en résultera que l'Ecole sera amenée à considérer les institutions politiques non pas comme *but*, mais comme *moyen* ; elle subordonnera ces institutions à une conception plus haute de l'ordre social.

A ces idées sur l'origine et le but de l'Etat se rattache un principe non moins fécond, qui cherche à imposer le respect du droit à l'État lui-même, tant dans ses rapports avec l'individu que dans ses relations avec les puissances étrangères. En ce qui concerne l'individu, les physiocrates ne veulent

(1) A. Esmein, *Op. cit.*, p. 11.

pas admettre qu'il y ait *deux sortes de justice* et que « la morale civile et politique » diffère de « la morale d'homme à homme ». L'arbitraire de l'Etat inspire à Le Trosne l'éloquente et judicieuse critique que voici : « On est convenu que de citoyen à citoyen, les droits respectifs devaient être sacrés, et que l'autorité était instituée pour les protéger par le moyen des tribunaux... Mais l'administration a été regardée comme une partie d'un ordre supérieur, et dans laquelle les règles de la justice distributive ne doivent plus avoir lieu, parce que les décisions qui en émanent ne statuent qu'en général et par des vues d'utilité commune. A la faveur de cette distinction, l'autorité qui se fait gloire d'être établie pour le maintien des propriétés et des lois de la justice, se croit fondée à borner son devoir à la protection d'homme à homme, et à la défense publique contre les attaques du dehors, et se réserve le pouvoir de gêner et de restreindre les droits de liberté et de propriété dans les différentes parties de l'administration intérieure » (1). Ailleurs encore, le même auteur écrira : « la société doit la justice à ses membres ; si elle ne la devait pas, elle serait une institution détestable, il faudrait la fuir » (2). De même La Rivière dira que le respect du droit de propriété doit être de nation à nation ce qu'il est de particulier à particulier dans chaque Etat (3).

En plein ancien régime, les physiocrates proclamaient ainsi de grandes et nobles vérités qui, de nos jours encore, restent à l'état d'idéal (4).

(1) Le Trosne, p. 91.
(2) Le Trosne, p. 109, note.
(3) Voir plus haut, p. 153.
(4) « Il faut que dans la constitution, dans l'administration, dans les rapports internationaux le droit s'introduise » (F. Larnaude.

Mais ces idées ne pouvaient constituer, à elles seules, toute la science politique des physiocrates. Il faut maintenant nous demander quelle était la *méthode* adoptée par cette « science » dont ses adeptes étaient si fiers.

J'ai déjà cité ce mot d'un des biographes de Quesnay, suivant lequel « la médecine devint le pont de communication dont ce génie créateur couvrit l'abîme qui séparait l'humble agriculture des hautes spéculations de la politique ». Il y a là, évidemment, une exagération. Mais que ses études de médecine aient contribué à façonner dans un certain sens l'esprit du fondateur de la physiocratie, le fait ne me paraît pas contestable.

Sur une question que l'on peut considérer comme la pierre de touche des doctrines médicales — le rôle de la fièvre dans l'évolution des maladies —, Quesnay a fait paraître, en 1753, un traité remarquable (1), dans lequel il insistait sur la force médicatrice de la nature, en critiquant la conduite habituelle de la majorité de ses confrères qui, au lieu de combattre la maladie elle-même et de lutter contre les obstacles s'opposant aux opérations salutaires de l'économie animale, négligent ces indications thérapeutiques fondamentales et ne voient dans la maladie que la fièvre : « la fièvre qui fait leur prin-

Notre programme. *Revue de droit public et de la science politique*, 1894, t. Ier, p. 3). — Voir également du même auteur : Le droit public, sa conception, sa méthode, dans *Les méthodes juridiques* (recueil de leçons faites au Collège libre des sciences sociales en 1910, Paris, 1911), et, dans le même recueil, l'allocution prononcée par le regretté professeur Saleilles.

(1) Quesnay, *Traité des fièvres continues*, dans lequel on a rassemblé et examiné les principales connaissances que les anciens ont acquises sur les fièvres par l'observation et par la pratique, particulièrement sur les présages, la coction, les crises, et la cure de ces maladies, 2 vol. Paris, 1753.

cipal objet, est au contraire celui qui devrait le moins les occuper, puisque la fièvre se guérit elle-même par son propre mécanisme... cette guérison est réservée à la Nature même ». C'était aussi cette idée de la force régulatrice propre à la nature qui devait, plus tard, inspirer l'économie politique de Quesnay.

D'après M. Hasbach, personne n'a jusqu'à présent prouvé que « l'analogie entre le corps physique et le corps politique » forme le fondement philosophique de cette économie politique. Mais cet auteur n'en reconnaît pas moins que l'analogie en question « a frappé l'esprit méditatif du médecin François Quesnay », comme elle a frappé un autre célèbre économiste et médecin, Sir William Petty (1).

Quoi qu'il en soit, il est permis de croire que cette analogie devait amener Quesnay à une certaine analogie dans les méthodes d'étude.

De même que, en 1743, il insiste, dans les Mémoires de l'Académie royale de chirurgie, sur la nécessité de l'observation et de l'expérimentation (2), de même plus tard, dans les « Maximes générales du gouvernement économique », il insistera sur la nécessité de réunir à la science générale du gouvernement « les connaissances pratiques et lumineuses que la nation acquiert par l'expérience et la réflexion » (3).

Dans la pensée du fondateur de la doctrine, la théorie et la pratique, l'étude de « l'ordre naturel » et de « l'ordre positif » devaient donc se prêter un mutuel appui. Malheureusement, les élèves furent fort loin de suivre, sur ce point,

(1) Guillaume Hasbach, « Les fondements philosophiques de l'économie politique de Quesnay et de Ad. Smith » (*Revue d'économie politique*, septembre-octobre 1893, p. 747-795).

(2) Quesnay, p. 724-725.

(3) Quesnay, p. 331 (*Maxime* II).

l'enseignement du maître (1). Toute leur attention se concentra sur cette conception idéale de « l'ordre naturel », sur les *déductions* « aussi simples que faciles » qu'il s'agissait de faire, en consultant seulement « le grand livre de la nature », pour fixer le meilleur ordre social (2). Dans ces conditions, quel intérêt y aurait-il à étudier « l'ordre positif », où souvent tout n'est que désordre ! Non seulement cette étude est incapable d'élucider le problème, mais encore elle nous écarte de la bonne voie.

En 1769, dans le discours d'ouverture de la chaire d'économie politique à Milan, Beccaria avait cru pouvoir faire la remarque que voici : « Ce n'est pas assez de posséder les vérités générales, si l'on ne descend aux vérités particulières » (3). Cette simple phrase a donné lieu, dans les *Ephémérides du citoyen*, à une longue discussion méthodologique, qui condamne sévèrement l'étude de la politique *par faits particuliers*. La méthode, qui convient parfaitement aux sciences naturelles, « dont nous ne pourrons jamais saisir que quelques branches », ne peut que conduire à des erreurs dangereuses lorsqu'on l'applique aux sciences morales et politiques. A l'encontre de ce qui vient d'être dit pour les sciences naturelles, il s'agit ici de « sciences précisément faites pour l'homme, qui n'embrassent que des relations à notre portée, et qui ont été destinées par la Provi-

(1) Cf. A. Oncken, *Geschichte der Nationalökonomie*, 1re partie, p. 350, Leipzig, 1902. — Sur la prédominance de l'élément pratique dans la doctrine de Quesnay, voir aussi : H. Truchy, « Le libéralisme économique dans les œuvres de Quesnay » (*Revue d'économie politique*, 1899, notamment p. 927-929).

(2) Le Trosne, p. 23-24.

(3) Discours prononcé le 9 janvier 1769, par M. le Marquis César Beccaria Bonesana à l'ouverture de la nouvelle Chaire d'Economie politique (*Ephém.*, 1769, t. VI, p. 62).

dence à nous servir de règles de conduite dans toutes nos actions... Nous pouvons posséder ces Sciences dans toute leur étendue, parce que leurs principes fondamentaux sont de nature à nous devenir très évidents pour peu que nous veuillions réfléchir, et quelquefois même malgré nous. En nous attachant à bien connaître ces principes, et les prenant toujours pour point de départ, nous arriverons facilement et avec la plus grande certitude à leurs conséquences les plus éloignées : une logique invinciblement claire nous y conduit rapidement, par une suite de déductions incontestables ».

Voilà la méthode dans toute sa splendeur ! La Rivière et le marquis de Mirabeau la prônent à l'envi. Le premier écrit : « je cherche à peindre les choses telles qu'elles doivent être *essentiellement*, sans consulter ce qu'elles sont ou ce qu'elles ont été, dans quelque pays que ce soit » (1). Le second, parlant de Montesquieu, dira : «... nos deux objets n'ont rien de commun. Le génie et l'érudition étaient ses guides ; l'ordre naturel est le mien. J'examine les choses dans leur principe et dans leur pureté primitive ; il les voyait dans leurs effets et dans leur corruption. Nous ne suivons ni le même plan, ni la même doctrine. Il tourna ses spéculations vers les lois établies, selon les vues politiques des gouvernements ; mes principes remontent plus haut. C'est la nature même, ou l'essence constitutive des lois, préservées de tout arbitraire et de toute fraude humaine, que je considère » (2).

Les principes généraux, les physiocrates ne cherchent pas à les dégager par l'analyse des diverses manifestations de la vie politique : ils sont persuadés qu'on peut facilement les

(1) La Rivière, p. 117.

(2) Quatrième lettre sur la restauration de l'ordre légal (*Ephém.*, 1768, t. VI, p. 11-12).

saisir en se guidant simplement par la raison. Malebranche, dont s'inspirait leur philosophie, n'avait-il pas déclaré : « Il ne faut pas s'imaginer, qu'il y ait beaucoup à souffrir dans la recherche de la vérité : Il ne faut que se rendre attentif aux idées claires que chacun trouve en soi-même... » (1) !

Cette foi dans la puissance de la raison est si profondément ancrée dans leur esprit que la réalité ne parvient pas même à l'effleurer. Les principes dictés par la raison une fois précisés, ils se complaisent à en tirer toutes les conséquences logiques, et, si les faits paraissent contraires à la doctrine, ce sont les faits, si l'on peut dire, qui ont tort (2).

Ils se préoccupent, d'ailleurs, fort peu de la réalité : « Pour établir l'ordre public sur ses véritables bases », écrira Le Mercier de la Rivière à la veille même de la Révolution, il faut « écarter les faits, ne consulter que la raison des choses, cette chaîne de vérités éternelles, à la pratique desquelles est attaché le bonheur de l'humanité » (3).

Par une singulière ironie des circonstances, lorsqu'ils

(1) Malebranche, *De la recherche de la vérité*, 7e éd., t. Ier, p. 2, Paris, 1721.

(2) La Rivière, p. 117 : « Comme la vérité existe par elle-même, qu'elle est vérité dans tous les lieux et dans tous les temps, sitôt que par l'examen et le raisonnement, nous sommes parvenus à la connaître avec évidence et dans toutes les conséquences *pratiques* qui en résultent, les exemples qui paraissent contraster avec ces conséquences ne prouvent rien, si ce n'est que les hommes qui s'en sont écartés, n'avaient pas une connaissance évidente de cette vérité ».

Le Trosne, p. 96, note : « Les faits doivent être jugés d'après les principes, et ne peuvent jamais en servir... En vain voudrait-on dire que l'expérience qui est un résultat de faits, peut servir de guide, encore faut-il avoir des principes auxquels on puisse la comparer, et apprécier ses effets ».

(3) *Essais sur les maximes*, p. XV.

s'aviseront, à titre exceptionnel, de consulter autre chose que le grand livre de la nature, c'est à la Chine qu'ils s'adresseront. Les récits plus ou moins fantaisistes des voyageurs et des missionnaires ont fait que l'Empire du milieu exerçait, sur les écrivains du XVIIIe siècle, une véritable fascination. Chez les physiocrates, cette admiration pour la Chine devait s'imposer d'autant plus qu'ils y voyaient « deux traits qui dominent leur doctrine : l'agriculture mise au premier rang des règles de gouvernement, et cette immutabilité des institutions, qui leur paraissait le signe des lois naturelles trouvées et appliquées » (1) ; ils croyaient aussi y trouver, dans la personne des mandarins lettrés, cette institution — à laquelle La Rivière attachait tant d'importance — des dépositaires des lois, assujettissant à la loi le souverain lui-même (2).

Bodin, après avoir décrit « ce qui concernait l'estat universel des Républiques », croyait devoir étudier « ce qui peut estre particulier à quelques-unes pour la diversité des peuples, afin d'accommoder la forme de la chose publique à la nature des lieux, et les ordonnances humaines aux lois naturelles. A quoy plusieurs n'ayans pris garde, et s'efforçans de faire servir la nature à leurs édicts, ont troublé et souvent ruiné de grands estats » (3). Et l'on sait combien les rapports des lois avec la nature du climat, avec la diversité des mœurs et de l'esprit général des peuples devaient plus tard préoccuper Montesquieu (4).

(1) A. Esmein, *La science politique des physiocrates*, p. 16.

(2) Cf. V. Pinot, « Les physiocrates et la Chine au XVIIIe siècle ». (*Revue d'histoire moderne et contemporaine*, t. VIII, décembre 1906, p. 200-214).

(3) J. Bodin, *Op. cit.*, 4e éd., livre V, ch. I, p. 661.

(4) Montesquieu, *De l'esprit des lois*, livres XIV-XIX.

Les physiocrates ne connaissent pas pareil souci. Sans doute, il n'est pas absolument exact de dire, comme on le fait très souvent, qu'ils ne tiennent aucun compte de ces différences. En réalité, leur système politique ne saurait s'appliquer qu'à un Etat agricole. Les « Maximes » de Quesnay sont intitulées *Maximes générales du gouvernement économique d'un royaume agricole*. D'après le marquis de Mirabeau, les nations purement commerçantes et celles « qui sont partie commerçantes, partie agricoles » ne doivent pas servir de modèle et « ne doivent pas non plus se fixer à nos principes » (1). Dupont de Nemours, lorsqu'il écrit son mémoire *De la République de Genève, et des troubles qui l'agitent*, fait bien ressortir toute la différence qui existe entre un Etat où la nature des choses facilite l'établissement des lois de l'impôt, « auxquelles elle présente une base suffisante et solide dans la partie entièrement disponible du produit net de la culture », et « une petite république dénuée de territoire, et où le produit net de la culture forme un objet si peu considérable, que ce qu'on en peut consacrer au maintien de l'Etat n'y saurait suffire » (2).

Mais, cette réserve une fois faite, on doit reconnaître que le système conçu par les physiocrates se présente avec un caractère universel, et l'on a pu dire avec raison que c'était pour leur doctrine, comme pour toute doctrine sociale, un germe de mort, puisqu'il devait les conduire à mettre l'absolu dans un domaine qui ne comporte que le relatif (3).

Leur optimisme ne connaît pas de bornes. Turgot est animé d'une telle confiance en son plan d'instruction nationale, des-

(1) *Théorie de l'impôt*, p. 297-298.

(2) *Ephém.*, 1770, t. Ier, p. 232.

(3) A. Schatz, *L'individualisme écononomique et social*, p. 111-112. Paris, 1907.

tinée à « former des citoyens », qu'il écrit au Roi : « J'ose lui répondre que dans dix ans sa nation ne serait pas reconnaissable ; et que, par les lumières, par les bonnes mœurs, par le zèle éclairé pour son service et pour celui de la patrie, elle serait infiniment au-dessus de tous les autres peuples. Les enfants qui ont actuellement dix ans se trouveraient alors des hommes de vingt, préparés pour l'Etat, affectionnés à la patrie ; soumis, non par crainte, mais par raison, à l'autorité ; secourables envers leurs concitoyens, accoutumés à reconnaître et à respecter la justice, qui est le premier fondement des sociétés » (1). Dix ans !... Hélas ! plus d'un siècle s'est écoulé, et aujourd'hui encore — après plus de trente ans d'instruction obligatoire et malgré l'instruction civique qui figure dans le programme de l'enseignement primaire — l'inéducation politique des masses populaires reste considérable.

L'évolution des institutions politiques et l'existence complexe de l'Etat moderne ont donné nombre d'autres démentis aux conceptions politiques des physiocrates. On peut appliquer à ceux-ci ce que M. Larnaude a dit des auteurs de la Déclaration des droits : « Pouvaient-ils deviner par avance le machinisme, l'industrialisme, la vapeur, l'électricité, qui ont si complètement bouleversé non seulement la production et le commerce, mais les conditions de la vie matérielle et, par suite, les rapports économiques des hommes entre eux, et par suite encore le droit, qui n'est, en somme, que la forme que prennent ces rapports ? » (2). Et, sans doute, ils sont excusables de n'avoir pas prévu ces transformations. Mais ils

(1) Turgot, *Œuvres*, t. II, p. 508.

(2) F. Larnaude, Préface de la traduction française (par M. G. Fardis) de la *Déclaration des droits de l'homme et du citoyen*, de G. Jellinek, p. 6-7.

ont eu tort de croire que les sociétés politiques sont régies par des lois toutes faites et immuables. A cet égard, Béardé de l'Abbaye formulait une critique très judicieuse, lorsqu'il faisait remarquer à La Rivière : « toutes les propositions, qu'on veut absolument rendre générales, ne peuvent s'accorder avec aucune opération de politique, qui est toujours relative » (1).

Pour avoir méconnu cette vérité, pour avoir voulu faire rentrer de force dans le lit de Procuste des formules absolues, les institutions politiques, susceptibles de transformations successives et d'une diversité très grande, la doctrine des physiocrates, réaliste à son point de départ, a abouti à un système artificiel, rigide et dont il suffit — de l'aveu même d'un de ses auteurs — de détacher un seul ressort pour que les autres n'aient plus d'action (2).

Ce système a eu le sort de toutes les créations du dogmatisme politique : elles cherchent à dominer la vie et elles sont impitoyablement emportées par le flot montant de la réalité sociale.

(1) Béardé de l'Abbaye, *Op. cit.*, p. 106.
(2) La Rivière, p. 117.

TABLE ALPHABÉTIQUE DES MATIERES

LISTE GÉNÉRALE DES AUTEURS CITÉS

TABLE DES MATIÈRES

PREMIÈRE PARTIE

DEUXIÈME PARTIE

Saint-Amand (Cher). — Imprimerie BUSSIÈRE.

www.ingramcontent.com/pod-product-compliance
Ingram Content Group UK Ltd.
Pitfield, Milton Keynes, MK11 3LW, UK
UKHW021126220726
13924UKWH00004B/1924

9 782019 718190